岩隈久志のピッチングバイブル

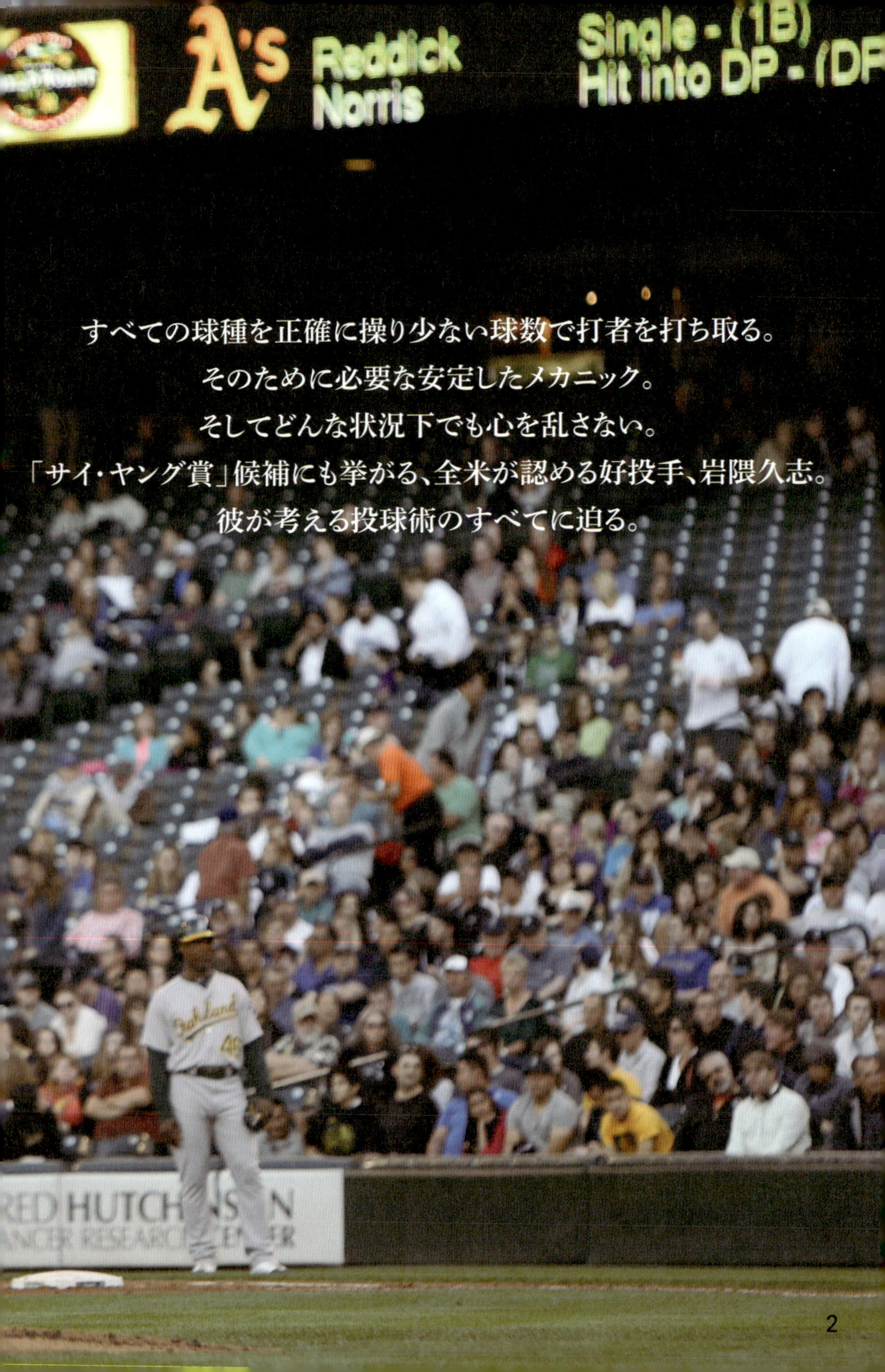

すべての球種を正確に操り少ない球数で打者を打ち取る。
そのために必要な安定したメカニック。
そしてどんな状況下でも心を乱さない。
「サイ・ヤング賞」候補にも挙がる、全米が認める好投手、岩隈久志。
彼が考える投球術のすべてに迫る。

MLBトップクラスの安定感、少ない球数で打者を打ち取るために必要なこと。

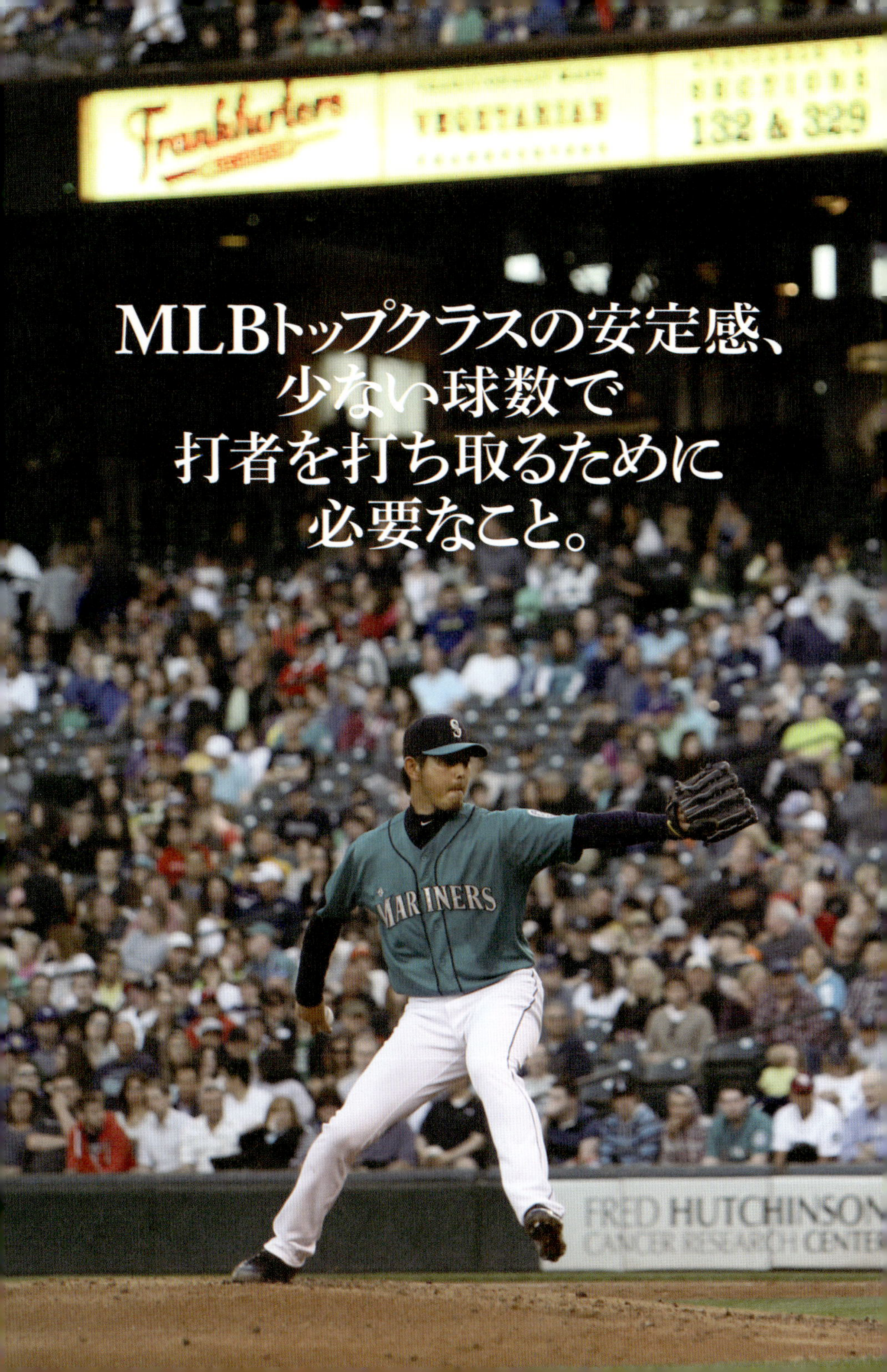

PROLOGUE

技術とメンタル、そして…。

我々日本人にとって、ニューヨーク・ヤンキースとともに最も馴染みのあるMLBチーム、シアトル・マリナーズ。近年は成績が芳しくなかったが、積極的に補強に動き、「勝つ」ことへの本気度を見せている。そのマリナーズにおいて絶対に欠かすことのできない投手、それが岩隈久志である。

少ない球数で打者を抑えられる安定感抜群の右腕。2013年「サイ・ヤング賞」(*)候補にも名前が挙がった岩隈だが、ここまでの野球人生には様々なことがあった。

大阪近鉄バファローズ(*)2004年の球団合併後、東北楽天ゴールデンイーグルスに入団。

そしてエースとして6年間、イーグルスを支えて来た岩隈は、2010年オフ、ポスティングシステム(*)を利用してのメジャーリーグ挑戦を表明。オークランド・アスレチックスが交渉権を獲得するも、その後の交渉が難航。交渉期限である12月7日午前0時(=アメリカ東部時間=日本時間同日午後2時)までに合意に至らずイーグルス残留となった。

イーグルスでプレーすることになった2011年3月11日、東日本大震災に見舞われた。仙台に本拠地を置くイーグルスの一員として震災復興の旗印となるためにも、岩隈は懸命に投げ続けた。

岩隈の安定した投球を支えるのは、もちろん、精密機械のようなメカニック(*)である。それとともに彼を支えるのは、常に揺るがないメンタル。そして、「誰かのためにプレーする」という献身的な気持ちである。

「自分ではコントロールできないことを考えて悩んだりしてもどうしようもない。それはどんな時でも、マウンド上でも変わらない」

アスレチックスとの交渉がまとまらなかったことを振り返る。

「今、僕の自宅は仙台にある。これからもずっと東北地方のみんなと一緒に戦って行くんだという気持ちを常に持っている」

使用するグローブの中には、「希望」という文字を入れているのはそのためだ。

投手として結果を残すには、高い技術はもちろん、メンタルの安定や周囲への思いなども必要不可欠。本書を通じて岩隈が結果を残せる要因が分かっていただけるはずだ。加えて、それらが少しでもみなさんの参考になればと思う。

第四章　牽制

第五章　コンディショニング

第六章　球種

CONTENTS

目次

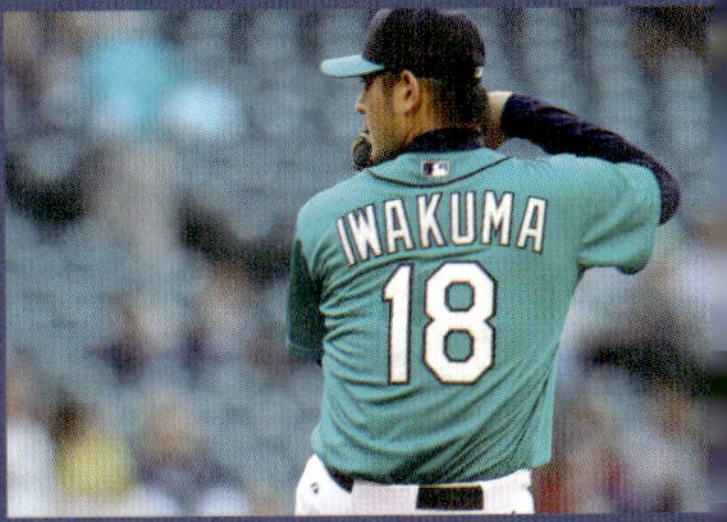

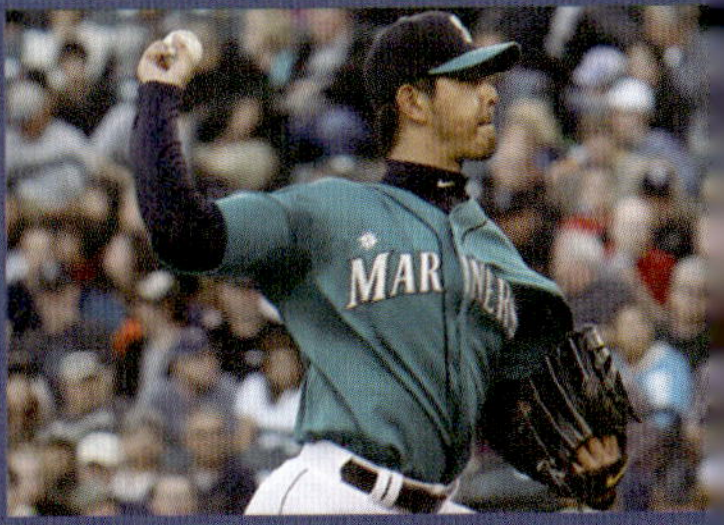

第七章　アメリカ野球への適応

第八章　インタビュー

コラム

エピローグ

第一章

CHAPTER 1 〉 CATCH BALL

キャッチボール

内容や感覚を重要視して
キャッチボールをする。

※印の付いている用語はP166 ～ P171に用語解説を掲載した

キャッチボールをおこなう前にしっかりとストレッチをおこなう

CHAPTER 1 | CATCH BALL

キャッチボール前のストレッチ

すべての基本であるキャッチボール。
その前にストレッチをしっかりおこなって欲しい。

1.首のストレッチ

右腕で頭を持って右側に10秒間倒す。この時に左手は腹筋上に置く

左で①と同様に首を左側に10秒間倒す。この時に右手は腹筋上に置く

2.首と体幹のストレッチ

両手を腹筋上に置き正面を見る

そのままの状態で、首だけで左側を見る

もとの状態に戻す

②と同様に首だけで右側を見る。
①から④を5往復おこなう

4.手のひらのストレッチ

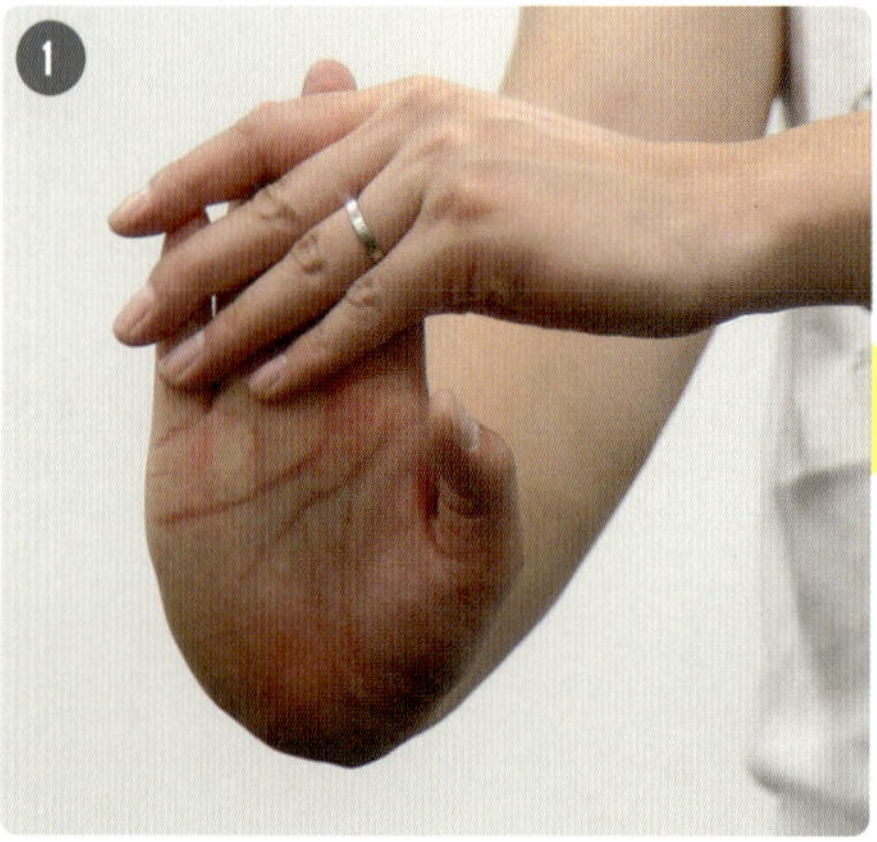

手のひらを下に向けた状態で、手前にゆっくり伸ばす

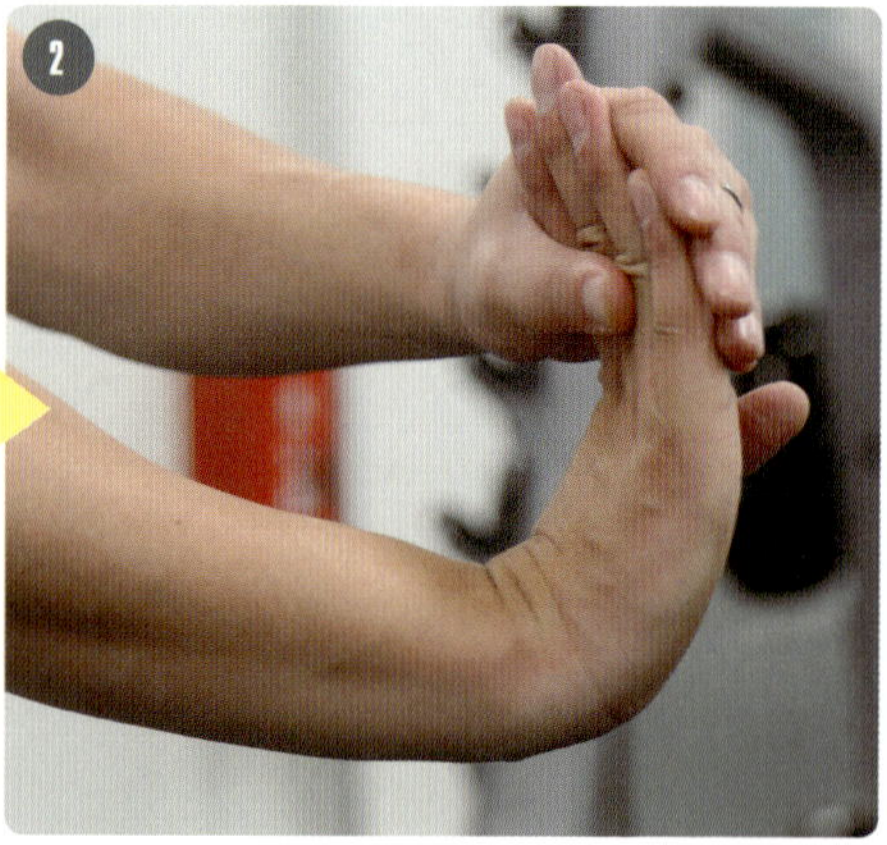

3秒間キープを10セットおこなう。

肩の高さからは上腕だけを持ち上げて「くの字」にする。
①から③を10回おこなう

3.手の甲から上腕部のストレッチ

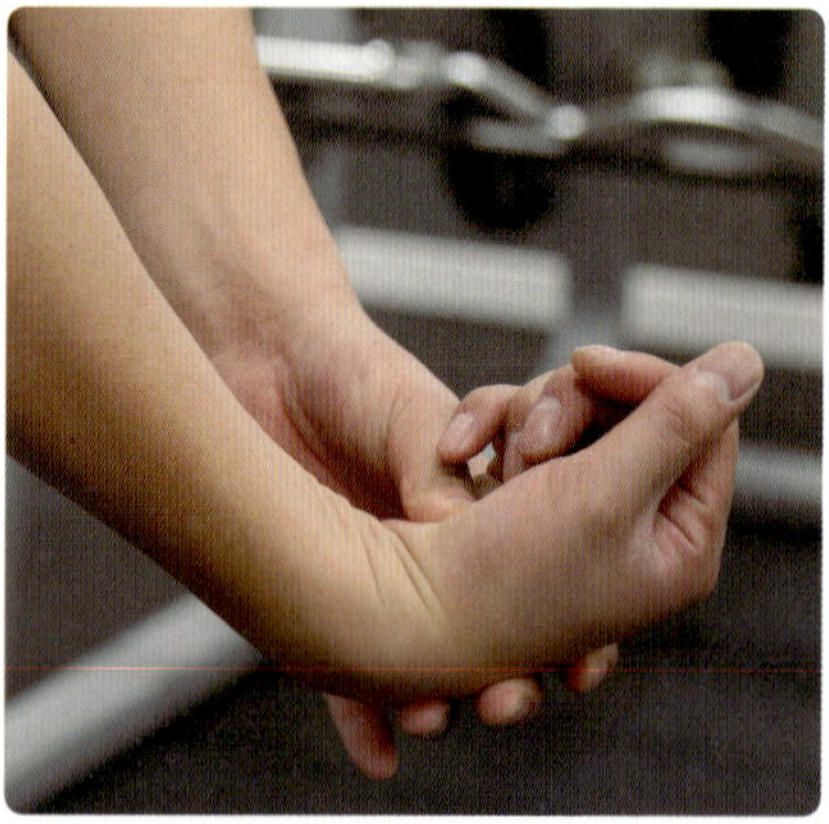

左手の親指を手のひらに置き、残りの指で手首を手前に伸ばす。3秒間キープを10セットおこなう

5.上腕三頭筋のストレッチ

真っすぐ立った状態で両脇を締める

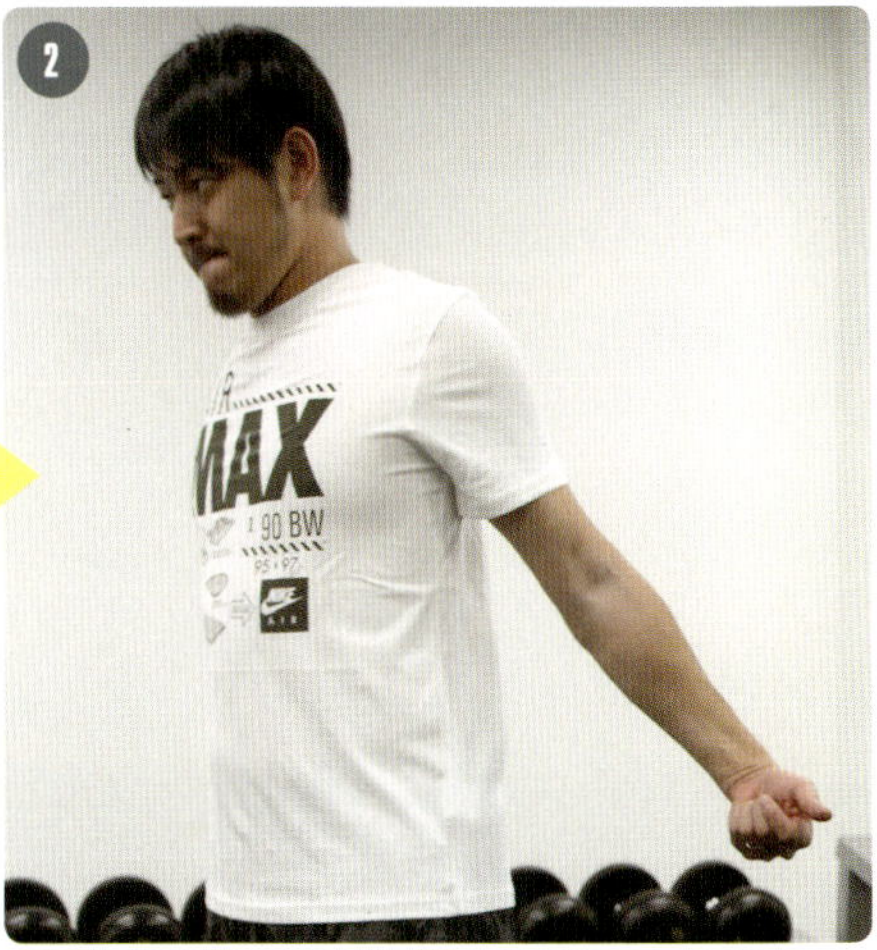

肩甲骨を意識しながら、両腕を後方へゆっくり引っ張り10秒間キープする

6.上腕三頭筋のストレッチ

真っ直ぐ立った状態で両脇を締める

両腕を横から上へ持ち上げて行く

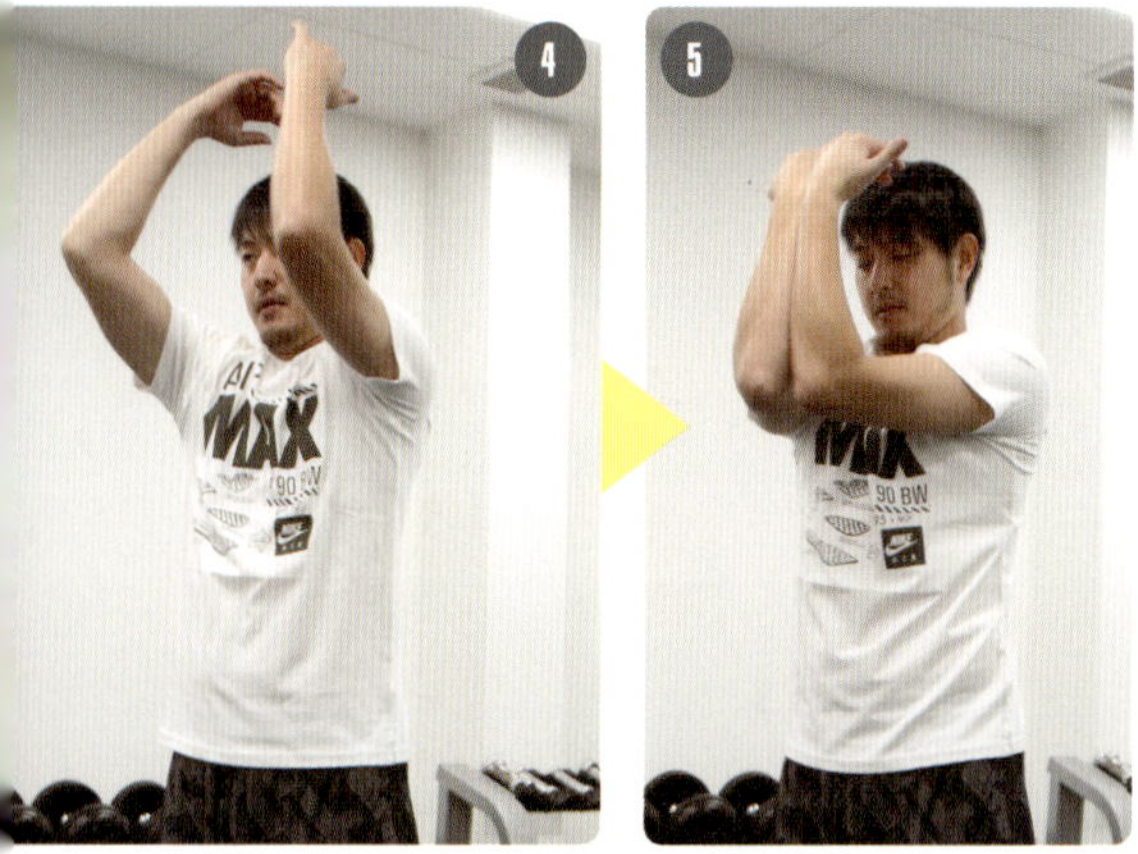

両腕を顔の前を通りながら回転させる

再び①の状態に戻る。
①から⑤を10回おこなう

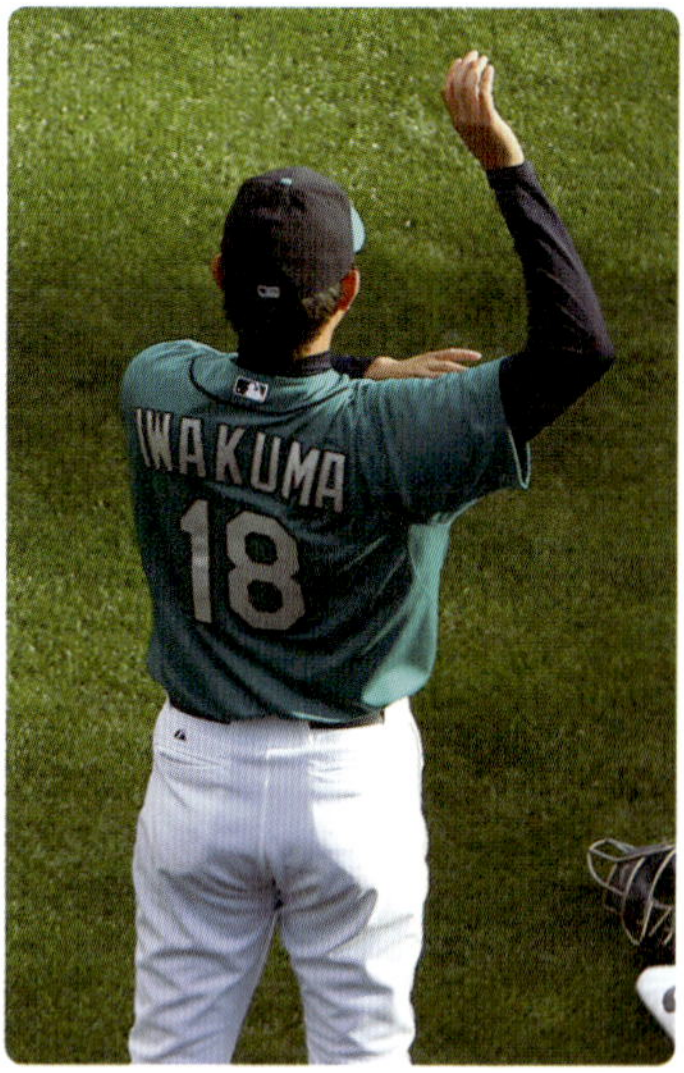

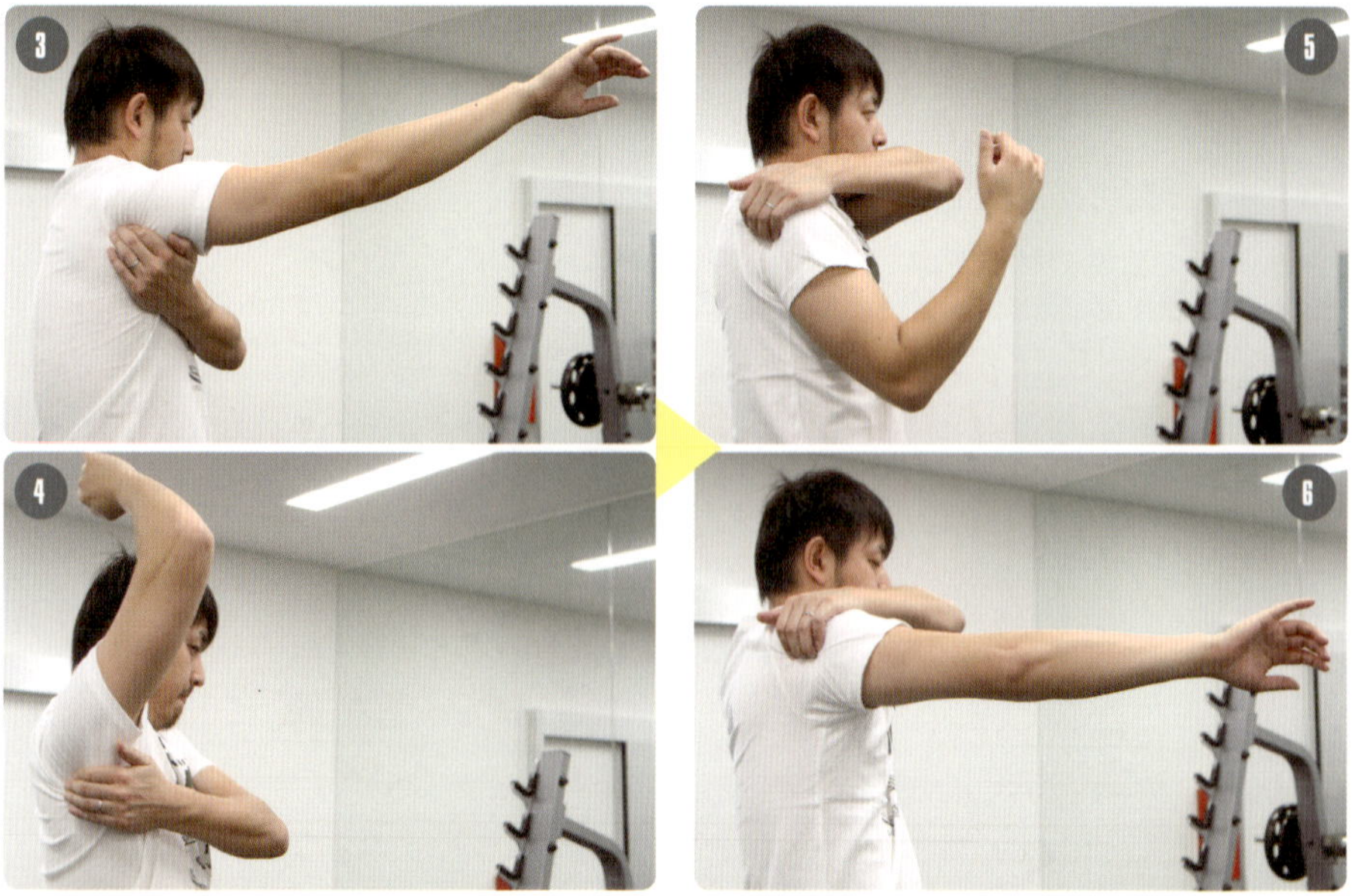

③左手で脇の下から上腕三頭筋をつかむ
④そのままの状態でヒジを支点に上腕を後方へ倒す
3秒間キープを10セットおこなう

⑤次に右腕を曲げて、左手で肩の上から上腕三頭筋をつかむ
⑥そのままの状態で右腕を前方へ伸ばす
3秒間キープを10セットおこなう

7. 腕まわし

両脇を締めた状態で上腕部を顔の前で合わせる

両脇を締めることを意識しながら下方へ回転させて行く

両腕を大きく開きながら上方へ回転させる

8. 上腕三頭筋のストレッチ

右腕を上方に伸ばし、左手で上腕三頭筋をつかむ

そのままの状態でヒジを支点に上腕を後方へ倒す

9.両腕回し

両腕を大きく前向きに10回転させる

10.片腕回し

片腕ずつ交互に両腕を大きく前向きに10回転させる

11.上半身ひねり

①両腕を斜めに大きく開いて左手が上方、右手が下方で状態をキープ
②、①と逆の形になるように両腕の高さを変える
①から②を10セットおこなう

キャッチボールは実戦につながる練習

キャッチボールについての考え方は人によって大きく変わってくる。ウォーミングアップの1つとしか考えていない人。投球の基本と考えている人。人それぞれであるが、一流投手になればなるほどキャッチボールを実際の投球と同様に重要視している。

岩隈はキャッチボールを実際の投球と同じものととらえている。平地のキャッチボールや遠投でしっかりと投球フォームができていなければ、実際の投球もできない。キャッチボールでしっかりとした投球のメカニズムを作り上げる。そうすればあとはマウンドの傾斜に沿って重心移動をすれば良い。だからシーズンオフ、スプリングトレーニング、シーズン中とキャッチボールをとても大切にしているのだ。

また実際にマウンドで投球をしている時だけでなく、キャッチボールを通じて他の好投手たちをしっかり観察できる。普通にキャッチボールをしていてもボールの回転や自然な変化は人によってまったく異なる。自然に投げるキャッチボールだからこそ、そこには個性が顕著に出る。その中から自分に取り入れられるものがないかを常に探しているのだ。

また変化球の練習もキャッチボールでおこなうことができる。前述した通り、一流投手ほどキャッチボールから自らのメカニズムをしっかりと構築しようとする。その状況下で変化球を練習すれば、正しいメカニズムの中で変化球を投げるコツをつかむこともできる。キャッチボールである程度、新しい変化球を投げられるようになれば、実戦の比較的楽な場面でためしてみれば良い。

キャッチボールはただのウォーミングアップではない。実戦に活かすことができればこれほど重要な練習方法はない。

キャッチボールを実戦に活かせるようにしっかりとおこなうことが大事

公式球と重さが異なるボールを使ってキャッチボールをすることもある

キャッチボールとブルペン、マウンド上での投球は同じものである

CHAPTER 1 | CATCH BALL

キャッチボールもブルペン、マウンドも同じ投げ方

リリースポイントを意識する

キャッチボールを大事にして欲しい。僕自身もキャッチボールでの感覚は重要視している。キャッチボールの際に球数はそこまで投げなくても、内容や感覚をすごく大事にする。

キャッチボールは相手に向かって投げる。その中で自分自身がどういう風に投げているのか、をしっかりと確認する。自分のどこでボールを離しているのか。その感覚をしっかりと確認する。自分のリリースポイント(*)を意識して、いつも同じポイントでボールを離す。たまにキャッチボールで変化球を投げる。その時も同じリリースポイントを意識する。そしていつも同じ投球フォームで投げられるようにする。それがストレートであろうと、変化球であろうと同じ。

ストレートも変化球も同じ投球フォームであることを確認する

下半身のパワーを意識する

よく、「キャッチボールとブルペン（＊）や実際のマウンドでの投げ方は違う」、という人がいる。僕はブルペンもキャッチボールもまったく同じ。異なるのは、ブルペンの場合は傾斜が付いて、キャッチャーが座るだけ。だからその傾斜に沿って倒れて行くだけ。平坦だったらそのままいっしょ。キャッチボールの感覚のまま、傾斜に対して自然に倒れて行くだけ。だからリリースポイントも変わらない。キャッチ

リリースポイントが同じことを確認しながらキャッチボールをおこなう

02 キャッチボールもブルペン、マウンドも同じ投げ方

ボールの時も基本的には下半身に１００％貯めたパワーを１００％腕に移して行くだけ。

投球フォームに関わることだが、「腕を振る」ことばかりを強く意識する人が多い。「とにかく腕を振る」ことばかりを意識する。でもそれではその時良くても、結局フォームが固まらないことが多い。なのでキャッチボールから下半身のパワーを活かすことを意識している。

軸足を蹴る前の押し込み

下半身に貯めた１００％のパワーが腕に移る。そのために下半身で体重移動させて最後に乗った前足にパワーが移って行く。それがしっかりできれば腕に１００％のパワーが伝わる。それをキャッチボールの時から意識する。

そのためにリリースに向けて重

平坦でおこなうキャッチボールを傾斜に合わせておこなうのが投球

心移動（＊）をすると、軸足（＊）を蹴る前、最後に軸足が地面を押し込むような動きになる。ここで最後にしっかり押し込むことで、１００％のパワーを前足に乗せられる。だから軸足の動きは一瞬、地面を押し込み引きずるような感じから蹴り上げるようなイメージ。

キャッチボールのPoint!!

①どこでボールを離しているのかを意識する。
②変化球を投げても同じ投球フォーム、同じリリースポイント。
③キャッチボールもブルペン、マウンド上と同じ。
④下半身に貯めたパワーを上に移すだけ。
⑤リリースに向けて軸足で最後まで重心を押し込む。

最後に軸足をしっかり押し込んでから、蹴り上げる感覚を大事にする

下半身に貯めたパワーを効率良く、100％すべて前方へ移動させる

故障、手術を乗り越えて得たもの

キャッチボールを大事にする。良い投手にとって共通のトレーニング方法だ。岩隈も他の好投手たちと同様、キャッチボールを最も重要視する。キャッチボールの中で正しいメカニズムで投げているか。リリースの感覚は合っているのか。投球に関するすべてのことをチェックしている。アマチュア時代からキャッチボールを大事にしていたが、プロ入り後にはさらに大事にするようになった。故障、手術を乗り越え、メカニズムをしっかり確認することの重要性を痛感したからだ。

NPB時代の岩隈は故障に悩まされることが多かった。プロ入り前の高校時代から肩の故障の前兆はあった。ドラフト指名を受けてプロ入りしたが、肩の痛みのためにキャッチボールすらできないこともあった。プロ1年目は一軍の登板はなく、二軍でも2試合で2イニングしか投げていない。

肩の痛みもなくなり、結果を出し始めた。03年は15勝10敗、そして04年には15勝2敗で最多勝と最優秀投手（最高勝率）のタイトルも獲得。エースとして投げ始めていた岩隈だが、またしても故障に襲われてしまう。球界再編でイーグルス移籍した05年から再び肩の痛みに苦しめられる。06年は開幕を二軍で迎え、一軍に上がったのは8月の終わりであった。翌07年はさらにひどく肩だけでなく背中の違和感や左脇腹の肉離れなど故障続き。結果16試合の登板で5勝5敗に終わる。そしてそのオフに手術を受け、リハビリを経てマウンドへ戻って来た。

故障の怖さを知り、それと向き合って来た。だからこそ身体の動きに最も適したメカニックを追い求め、それを手に入れた。それを常に確認する場がキャッチボール。だからこそキャッチボールが最も大事な練習方法なのだ。

常に故障との戦いだった岩隈はメカニックの確認でキャッチボールを大事にする

貯めたパワーを
効率よく使う
投球フォーム。

第二章

CHAPTER 2 〉 PITCHING FORM

投球フォーム

3

4

7

8

1

2

5

6

11

12

15

16

9

10

13
MARINERS

14
MARINERS

19
IWAKUMA
18

20
IWAKUMA
18

23
IWAKUMA
18

24
IWAKUMA
18

17

18

21

22

1

2

5
IWAKUMA
18

6
IWAKUMA
18

3
IWAKUMA
18
4
IWAKUMA
18
7
IWAKUMA
18
8
IWAKUMA
18

9
IWAKUMA
18

10
IWAKUMA
18

13
IWAKUMA
18

14
IWAKUMA
18

11
IWAKUMA
18

12
IWAKUMA
18

15
18

16

17

18

21

22

19

20

23

24
MARINERS

投球動作に入る前に投球のイメージをしっかり持つこと

投球開始

CHAPTER 2 | PITCHING FORM

しっかりと立つことを考える

投球動作に入る際にまず大事に考えていることは、「立つところをしっかりしよう」、ということ。もちろんサインを見て、球種、コースなどを頭に入れる。「狙ったところにしっかり投げよう」、「真っ直ぐ立ってから投げよう」、とも考える。でもそれ以上に、「しっかり立とう」と思う。

投球の中では立つところがすごく大事。ここでしっかり右足に、100%体重が乗ることを考える。また立った時に体が前に行かないこと。しっかり真っ直ぐに立つことが大事。だからどんな時でも、立つことだけはしっかり意識している。自分の状態が良い時は自然に、あまり意識しないでもしっかり立てる。タイミングだけで良い。しっかり立てないと投げ急いでしまう。体がどんどん倒れて行ってしまうので腕が遅れて、ボールが抜ける。当然コントロールが悪くなるし、引っ掛けることもある。だからしっかり立てることが一番大事。

まずは球種やコースをしっかりと頭に入れる

足を上げた時にしっかり立つことが大事

軸足に乗せたパワーが投球におけるすべての土台になる

足を上げた時に、重心の100%を軸足に乗せきることが大事

以前は「二段モーション」にすることで重心を乗せていた

CHAPTER 2 | PITCHING FORM

足を上げる

グラブを身体に近付けることで重心を乗せる

「しっかりと立つ」という意識は、昔から変わらない。１００％、重心を軸足に乗せること。これがパワーを生み出す土台になる。そこから捻りを加えていくことで、より強いパワーが生まれる。だからこそ、しっかり立つことが大事になってくる。そのためにいろいろと試行錯誤もした。足を上げた時にグラブを胸に近付けた。イメージとしては、軸足の方へグラブを近付ける感じ。それまではグラブが身体からもっと離れた前の方にあった。それを身体に近くすることでより軸足に重心が乗るようになった。またそうすることでバランスも良くなった。

それまでは「二段モーション(*)」で投げていた。足を2回上げることで軸足にしっかりと重心を乗せていた。それを足を1回上げるだけで重心をしっかり乗せられるようになった。グラブを身体に近付けることがまず1つの大きな転機だったと思う。

軸足に乗せたパワーを左足で引っ張って行くようなイメージ

CHAPTER 2 | PITCHING FORM

重心移動

身体ごとパワーを引っ張って行くイメージ

足を上げてからは右足に貯まったパワーを左足で引っ張って行くような感覚。でも基本的には傾斜に対して、身体が自然に倒れて行く感じ。その時に、「股関節（＊）が内側から出る」ようにする。「重心が内側に入って行く」ように、と言うか、「絞って出して行く」、イメージ。

股関節を絞って出していくことで身体も突っ込まなくなる。足を上げてしっかり立った。そこから投げに行く時には、左足が前に倒れて行くというよりも、身体全体が傾斜に沿って倒れて行くようなイメージ。身体ごとパワーを引っ張って行く。だから頭の角度が変わらず、目線が変わらずに重心移動できる。足を上げて下ろしてから前に行くというよりも、身体全体で行きながら、内側に絞った状態で投げに行く。右足のパワーを前にぶつけていくイメージ。

グラブを持った手でカベを作るイメージを持つ

グラブでカベを作りながら真っ直ぐ重心移動

しっかり立って、パワーを股関節の内側に絞りながら重心移動する。これらは基本的にはいつもできている。しっかり内側にパワーが貯まっている。ヒザの内側にパワーを貯めてその間は体を開かず、カベ（＊）を作る。カベを作るのはグラブを持った左手で作る意識もある。左手を前方へぶつけながら重心移動をする。しっかり左手を使って身体が開かないようにする。グラブをしっかり前に出して行きながら、開かない状態をしっかりキープする。そのまま捕手に向かって真っ直ぐ向かって行く。

前足が着地するまではまだ開かずに行き、前足が着地した瞬間、軸でキュッと鋭い回転をする。

だから着地した瞬間に軸で回って、腕があとから付いて来るというイメージ。絞っていってパワーを貯めたのをギリギリまで内側、どちらかというと軸足側に残している。そのパワーが最後、着地した瞬間に一気に前に来る。

前足が着地した瞬間に鋭く回転

重心が前に出て行き過ぎると腕が遅れてしまう。そうすると身体の開きも早くなる。ボールが抜けてしまう。ボールの出所も見やすくなるし負担もかかる。結果的に故障につながる可能性も高い。だからギリギリまでパワーを内側に貯めて、前足が着地した瞬間に体幹、軸で一気にパーッと回る。軸で回れたらパチッと腕も振れて来る。イメージは高い位置で回る感じ。

だからこそ軸を中心に身体のバランスが大事。軸が前にも行かず、後ろにも残らずの絶妙なバランスがある。最適な場所で回転する。それを大事にしているからこそ体幹部分（＊）が重要になる。体幹部分のトレーニングが投手にとって大事だというのはそういうこと。

身体が傾斜に沿って自然に倒れて行くイメージ

「投げ急ぎ」を抑える方法

重心移動はしっかりできても鋭く回転する最適な場所がズレる時もたまにある。ブルペンで投げている時に、「重心のバランスが悪いなぁ…」と感じることもある。そういう時の修正方法は、やはり原点に戻ること。しっかりと軸足に乗ることが大事になる。軸足にしっかりと重心を乗せることで、「投げ急ぎ」をしなくなる。バランスが悪い時というのはやはり「投げ急ぎ」をしていることがほとんど。軸足に重心がしっかり乗っていない状態で投げに行くと、身体のすべてが突っ込んでしまう。すべての基本は軸足に重心を乗せること。軸足に重心が乗せられれば、重心のバランスが良くなる。そうすれば、腕は振れてくるはず。だから重心移動では腕のことはあまり意識しないでバランスを考えている。

パワーを真っ直ぐ前へ

やっぱりピッチャーは、「いかに近い距離で投げられるか?」、が大事だと思う。それができることでキレが生まれると思う。だからこそ重心を前に出して行く。それも腕が大回りしないことが重要。大回りすればするほど身体が横に回る。基本的に身体は縦に使いたい。横回転するとどうしても腕が身体から離れる。身体から

グラブの手で身体が突っ込まないようにする

ギリギリまでパワーを身体の内側に貯めるイメージ

キャッチボールの時から重心移動を意識しておくことが大事

前足が着地した瞬間に鋭い回転で腕が振れるイメージ

離れると鋭く振れなくなる。

だからインステップ（＊）もアウトステップ（＊）も好きではない。余分な力を使わず真っ直ぐステップする。そこに身体を乗せるようなイメージでしっかり前に出れば良い。体幹がしっかりしていれば、しっかり立って貯めたパワーを前に出して行ける。これはバッティングと同じ。パワーを貯めて真っ直ぐステップして強いスイングでパワーをボールにぶつける。

そういう意味でも、力の使い方や出し方をロスしないように心掛けている。この場面は、足が前方へ回っているように見えるけど、身体は常に前に行っている。足は遠回りしているわけではない。前方へ行っている。力を余分なところへ使わない方が良いと思う

腕が背中の方へ入らないように真っ直ぐ上げるイメージ

トップ

CHAPTER 2 | PITCHING FORM

早めにトップを作り出す

腕の使い方は早くトップ（＊）を作ることだ。前足が着地した時に、頭の後ろ、トップの位置へ入ることが一番大事。それはプロ入り当初から大事にしている。以前、「二段モーション」のような形にしていた理由は2つある。1つは軸足に重心をしっかり乗せるのが理由の1つ。もう1つは早めにトップを作り出し、腕を身体から離さずに大きく使うためだった。

テイクバック（＊）をする時に腕が遠回りするとロスがある。そうすると腕が身体から離れてしまって、腕や肩にも負担がかかる。だから1度、腕を下にダランと降ろしてから、足を上げていた。そうすることで腕が素早く真っ直ぐ上がり、素早くトップを作れるようになった。それまではテイクバックで腕を上げようとすると、どうしても腕が1度背中の方へ入っていた。それが故障の原因の1つにもなっていた。だから当時、素早くトップを作るクセを付けることで故障しないような投球フォームにした。

素早くトップを作り出すことが大事

「トップ」ができれば投げられる

素早くトップを作れるようになっ

トップを作り出すことができれば、腕をしっかり振ることができる

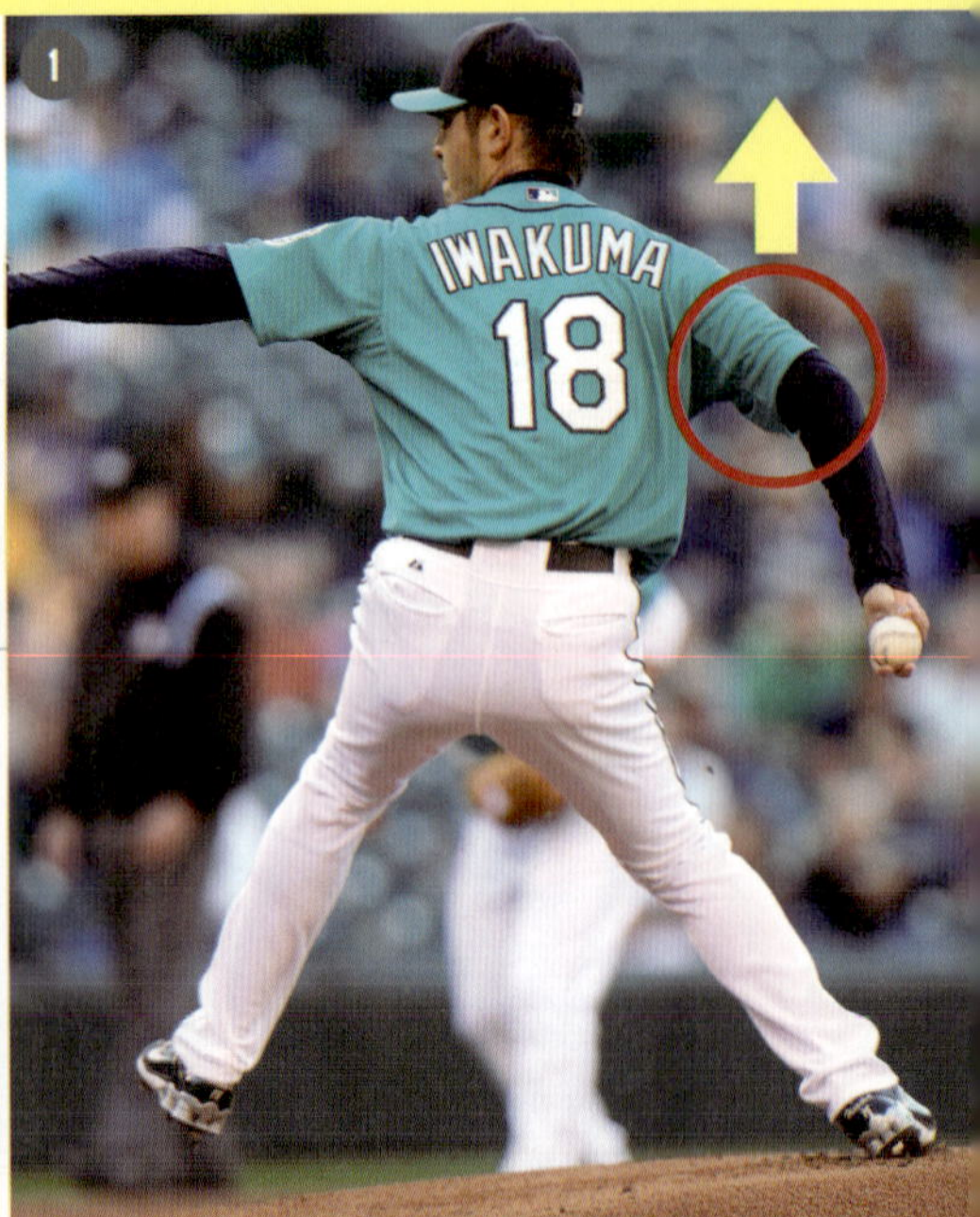

テイクバックでは腕を真上に上げるような
イメージで素早くトップを作り出す

たのは、「二段モーション」で1度腕を下ろしてから投げていたから。ここでクセが付いてできるようになった。だからイメージとしては「キャッチャー投げ（＊）」のような感じ。

前足が着地した時にはトップができて投げられる状態でないといけない。だから逆に言うと、トップさえしっかりしていれば投げられる。前足が着地した時にトップができてなければ、完全に遅れてしまう。遅れると、そこから無理に腕を振ろうとしてしまい負担がかかって故障につながる。また素早くトップを作らずに、大きく腕を使うとゆっくり投げられはするけど打者からは見やすくなってしまう。そういう意味でも素早く腕を持ち上げてトップを作った方が良い。

以前、「手足が長いからトップを早く作れ。それでカベを作って重心を前に出せば、腕を振る位置はかなり打者よりになる。そうすると球持ちも良くなり、制球力も上がる」と投手コーチからアドバイスを受けた。それによって故障も少なくなり、制球力も上がったと思う。

テニスのスマッシュやバレーボールのアタックのように腕をコンパクトに鋭く振る

腕を振るのは顔の横から前のイメージ

腕の振り、リリース

CHAPTER 2 | PITCHING FORM

腕は前の方でコンパクトに振る

　腕を振る時は、誰もが「大きく、強く振る」ことを意識している。だからイメージとして頭の後ろぐらいから振っている。でも僕の腕を振るイメージは顔の横ぐらいから振る。トップを素早く作り出し顔の前で振るイメージを持つ。例えて言うなら、バドミントンやテニスのスマッシュ（＊）、バレーボールのアタック（＊）に近い腕の使い方。

　腕を顔の前の方だけで振れれば、あとはマウンドの傾斜を利用する。いかにして傾斜を利用して身体を前に持って行くか。重心移動でしっかりカベを作り左肩を開かないようにし、身体を前に持って行く。その状態で腕を前で振れば振るほど打者との距離が短くなる。「リリースポイントを前にしろ」、というのはこういうことだと分かった。よく、「腕を振れ」とか、「前で振れ」と指導される意味が昔は分からなかった。それが試行錯誤する中で、「腕の使い方はこうなんだ…」と理解できるようになった。

リリースの位置が高いイメージ

そういう腕の使い方を理解したうえで、アメリカでは多少、微調整した。日本のマウンドはアメリカに比べて柔らかいので、前足が着地した瞬間の重心が低かったと思う。日本にいた時は、「前足が着地してからもう少し粘って前方へ伸びて」というイメージで投げていた。でもアメリカのマウンドは硬

アメリカに来てからはリリースの位置が高いイメージ

いので前足が着地した瞬間にもうトップができて、そこからボールを離しているようなイメージを持っている。

また、リリースも高い位置で離しているというイメージがある。ボールを長く持って前に出そうとはするけど、アメリカのボール（＊）は浮いてしまう感じがある。だから着地したらパーンと高い位置でリリースしているイメージ。でも実際は日本時代とリリースポイントは変わらない。ただマウンドの硬さが違うので重心の高さだけ意識的に変えている。

リリースでは手首を立てるイメージ

リリースの瞬間には手首を立てる感覚が欲しい。ストレートでも変化球でも、手首が寝ると抜けてしまう。例えば、ストレートは手首が寝てるとシュート回転してきれいなボールがいかない。特に日本では、「きれいな軌道のボールを投げた方が良い」と言われるんで。手首を立ててピシッと投げることを薦めたい。

手首が寝れば寝るほど、ボールが抜けやすくなる。コントロールがしづらくなる。オーバースローだけでなく、サイドスローの人でも投げる時は手首が立っている。もちろん、サイドスローの投手がシンカーを投げる時など意識的に投げる時は寝るかもしれない。でも基本的には手首が立って内側から出てパーン行く。ナチュラルにシュート回転するピッチャーは寝ていることが原因の場合が多い。

リリースの瞬間には手首を立てることが重要

守備にスムーズに入れるようなフォロースルーを心掛ける

フォロースルー(*)

軸足を最後にしっかりと押し込んでから蹴り上げる

投げ終わってからは野手

投げ終わったら一人の野手になるのでしっかり前を向いて捕球に備える。そのために軸足を着地した時に、守備にスムーズに入れるような体勢にする。だから重心を一塁方向や本塁方向へ逃がさない。真っ直ぐの安定した状態で守備に備えるようにする。特に重心が一塁方向へ逃げてしまうとピッチャー返し(*)に反応できない。投手は安定した態勢で投げ終え、守備に入れるようにしたい。

軸足をできるだけ地面に着けておく

またフォロースルーではしっかり

軸足を蹴り上げることで重心をロスなく使うことができる

投げ終わった後は野手なので、
守備にしっかり対応する

軸足を最後に押し込むことで重心を前方へ伝えることができる

と軸足を蹴り上げる意識を強く持っている。同様に蹴り上げるギリギリまで、地面から離れないようにもしたい。前足を着地した時に、もう1つしっかりと押し込めれば、さらに身体が前に行く。前足を着地してすぐに身体が開き始めると力が逃げてしまう。

でも実際は、少しすると軸足は上がってしまう。でもそれを、できるだけ長く地面に着けているようにしたい。前足がインステップすると、すぐに軸足が浮いてしまう。なぜならインステップをすると身体が閉じる。それを開きながら投げようとすると力が抜けてしまうし、しっかりと押し込みができない。逆にアウトステップでは身体が開く。身体が開くと身体は前に行くかもしれないけど、やはり力が抜けてしまう。だからしっかりと真っ直ぐにステップして前に行くのが基本だと思う。

下半身のパワーを活かす投球フォーム

マウンドの硬さで負担がかからないようアジャストした投球フォーム

メジャーリーグのテレビ中継などを見ていると、NPBの投手と投げ方が多少、異なっているように見えることがある。確かにNPBの投手を見ていると重心がかなり沈み込んで投げている。以前は、「投げる時に軸足のヒザに土がつくぐらいまで重心を沈めるのが良い」と言われた時期もあった。「メジャーリーグの投手は上体のパワーだけに頼った腕投げです」と言う解説者もいたぐらいだ。

近年は状況がNPBも変わって来た。マウンドの土が以前に比べてかなり硬いものに変わってきたのだ。以前は、砂浜のような柔らかさの黒土が主流だった。柔らかいマウンドの場合、投手は広めにステップを取り、沈み込んで重心移動をさせることで、よりパワーをボールに乗せることができた。

だが現在のように、マウンドが硬くなるとそうとも行かなくなった。広くステップすると、そこで前足が引っかかってしまい、逆にストッパーの役目を果たしてしまう。必然的に重心移動がうまく行かなくなる。だが、それだけならまだ良い。急激に重心にストップがかかるため股関節などに負担がかかり故障につながる可能性も高い。だから最近の投手はステップ幅を比較的狭めにして、重心が高い状態で重心移動をする投手が増えたのだ。

もちろんメジャーリーグの中にも、上半身のパワーだけに頼って投げる投手もいる。だが多くの一流投手たちは同様な投球フォームが主流である。岩隈も「渡米後は感覚的に、重心が多少、高くなっているかも…」と語る。NPB時代は熱闘型に見えた投球フォームが、どこかリラックスして投げているように見えるのはそのせいかもしれない。

第三章

CHAPTER 3 〉 QUICK MOTION

クイックモーション

ボールの威力が落ちないように
おこなうクイックモーション。

3

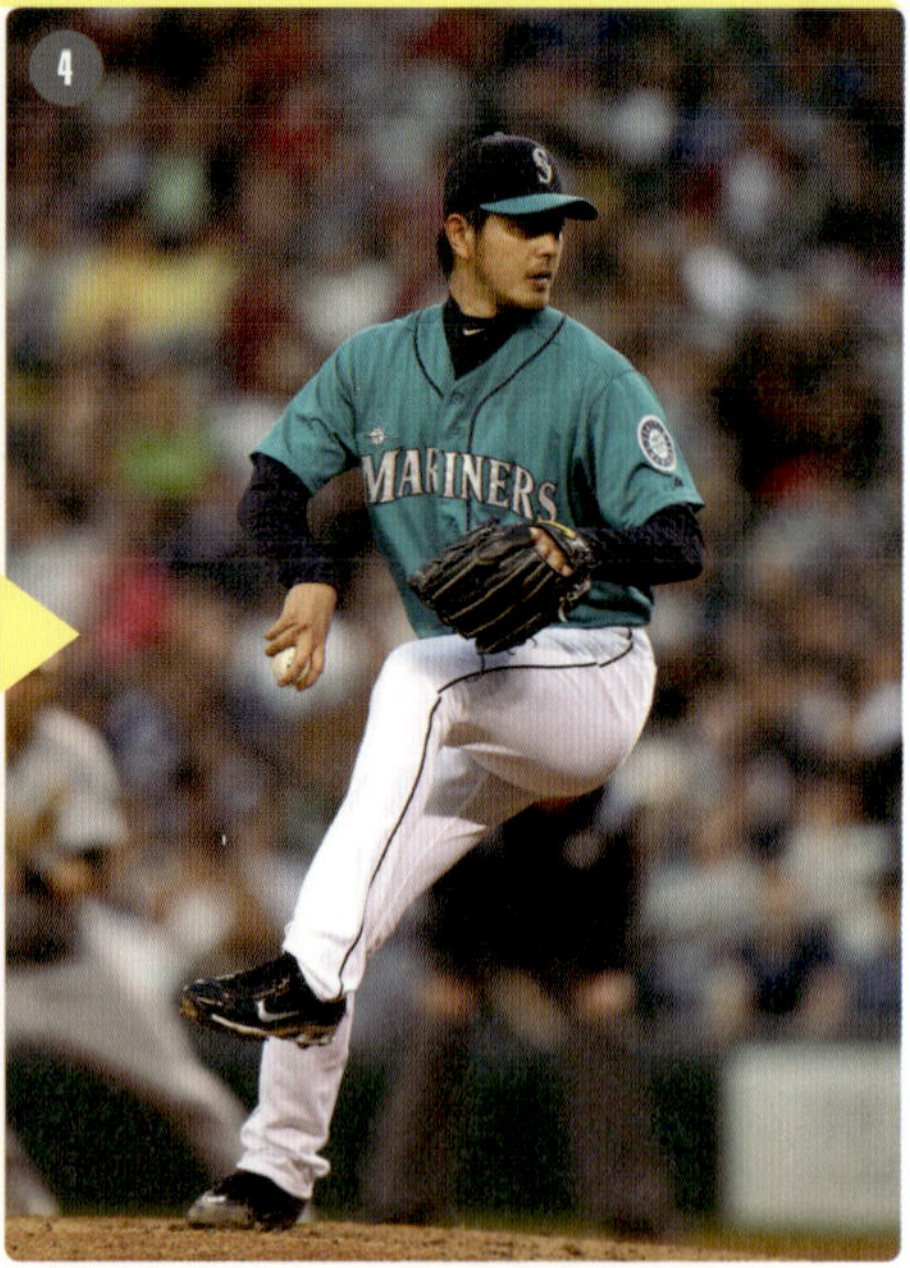
4
MARINERS

7

8

1

2

5
MARINERS

6

11
IWAKUMA
18

12
IWAKUMA
18

15
IWAKUMA
18

16
IWAKUMA
18

9

10

13

14

1
IWAKUMA
18

2
IWAKUMA
18

5
IWAKUMA
18

6
IWAKUMA
18

4
IWAKUMA
18

3
IWAKUMA
18

8

7
18

9

10

13

14

11

12

15

16

ノーワインドアップと同様、クイックでも
軸足に重心を乗せることが大事

CHAPTER 3 | QUICK MOTION

足を上げないだけでノーワインドアップと基本は同じ

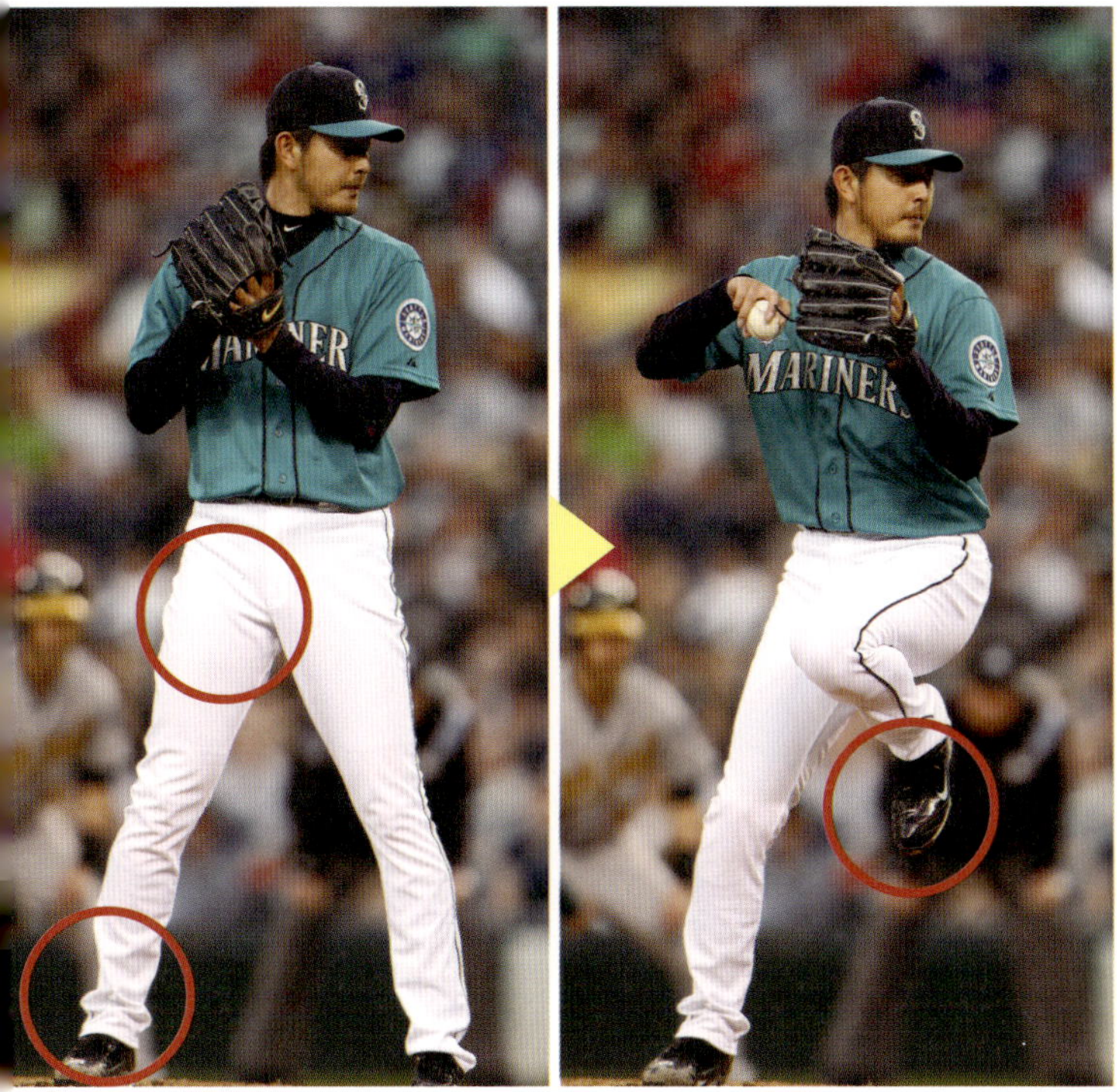

左：軸足にあらかじめ重心を乗せておく　右：前足はその場で上げるようなイメージを持つ

軸足に重心を乗せる

クイック(＊)も基本的にはノーワインドアップと同じ。セットポジションに入った時点で軸足の股関節にシワができる。つまりセットポジションの時点であらかじめ軸足に重心を乗せ気味にしておく。

通常、まずはセットポジションで真っ直ぐ立つ。ここから投げに行く時に、最初に軸足へクッと重心を入れるのではない。この時点で動きが余分になる。前足が軸足方向へ動いたりしたらその分ロスする。パワーだけでなく時間もかかってしまう。だから僕はセット

足を上げないだけでノーワインドアップと基本は同じ

ポジションに入る時、軸足方向へ重心を締めておく。軸足の股関節あたりをキュッと締めて入って、前に出て行くイメージ。セットポジションに入った時に、軸足に「7対3」の比重にしておく。そこからパーンと前足を浮かした時に、前に出る感じ。

前足を勢い良く上げる

ノーワインドアップの時は足を上げた時に重心を100％軸足に乗せたい。クイックでもそれは変わらない。セットポジションの状態では「7対3」ぐらいの重心で作っておく。パーンと前足を上げた状態の時には、ノーワインドアップと同じぐらいの状態になる。それほど足を高く上げてないけど、それに近い状態になっている。

　前足を上げた時に勢い良くポーンと行っている。だから股関

軸足に重心を乗せておいた状況から前足をその場で上げるようにして投球動作に入る

節に重心が入って来る。だからこそ、その後に力を前方へ出しやすくする。前足を上げる時に勢いがないと、重心が軸足に残り過ぎる。軸足へのパワーの貯め方をなるべく早くすることが大事。

重心移動以降は ノーワインドアップと同じ

クイックでは足を上げなくても良い。だからコントロールしやすいというのはあるかもしれない。ただ、クイックがノーワインドアップに比べてパワーが少なくなっては困る。だから前足を上げた際には１００％、重心を軸足に乗せたい。高く上げないだけであって、上げた段階で１００％になっている。

ノーワインドアップの時は、ゆっくりと足を上げて１００％を貯める。だから投球フォーム自体が遅くなる。逆にクイックは、勢いで

足が上がった瞬間に軸足に重心を乗せきり、そこからすぐに前に出て行くイメージ

足を上げないだけでノーワインドアップと基本は同じ

パーンと足を上げれば100％になる。クイックの場合は早く投げに行かないといけない。だからあらかじめ軸足に重心をかけておき、前足を勢い良く上げる。その時の注意もノーワインドアップと同じで、なるべく上体が突っ込みすぎないこと。軸足に100％乗った時に内側から、前に出るイメージ。前足の動きは早くするけど、それ以外の重心移動はノーワインドアップと同じ。グラブの手でしっかりカベを作る。カベを作って開かない、パワーを逃さない。そこから前足が着地した時にトップができている。そこから鋭い回転で腕が振れる。

クイックでのゆとりが安定感を生み出す

ただ、メジャーリーグの場合はそんなにクイックに対してうるさく言わない。なぜならキャッチャーの肩が強い。例えば、クイックを秒数的に言うなら日本だったら、「1・1秒台もしくは1・2秒前半じゃないとセカンドで刺せない」と言われる。

でもメジャーリーグだと1・3秒台でも刺せる。クイックが遅く

「急いで投げよう」と思って身体が前に突っ込まないようにカベを作ることが大事

ともキャッチャーの肩がもの凄く強い。だからクイックの意識はあまりしてない。」

僕も日本いた時には１００％の力でクイックをやっていた。でもメジャーリーグでは、「60％くらいでも良いかな…」というくらいの気持ちでいる。もちろん疎かにしている訳ではない。でも精神的にはスゴく楽になった。やっぱり、「１・３秒くらいで良い」、ということになると心にゆとりが生まれる。焦って身体が突っ込まなくて済む。どうしても急げば急ぐほど身体が突っ込んでしまう。そうするとコントロールが乱れたり、ボールが高く浮いたりする。また、下半身をうまく使えなかったりする。投げ急がないようにすれば下半身主導で動かしていくことができるようになる。そういうことで投球フォームもしっかり固まる。やはりクイックでも基本は一緒。

足を上げた瞬間に重心のすべてが軸足に乗るようにする

クイックモーションの難しさ

野球は「点取りゲーム」である。走者が出てもホームへ還さなければ、失点にはならない。だから次の塁に走者を進めないことが重要になって来る。逆に攻撃側からすると走者を1つでも先の塁に進めたいと考える。そのために送りバントや盗塁といった攻撃を仕掛けて来る。

この時、送りバントならしっかりと一塁でアウトにすることができれば、アウトカウントを増やすことができる。例えばノーアウト一塁で送りバントをされれば、ワンアウト二塁。打者に集中してあと2つのアウトを稼げば、その回を「0点」に抑えて攻撃に移れる。つまり相手側が、言葉は悪いが、アウトカウントを1つプレゼントしてくれる。だが盗塁は違う。アウトカウントそのままで、失点のリスクも高くなってしまうのだ。

そのために投手はクイックモーションをおこなう。だが、これが多くの投手を悩ませることになる。クイックモーションとは通常のように足を上げず、セットポジションから捕手方向へ流れるように投げる。こうすることで時間を短縮するのだ。だが多くの投手はクイックモーションを考えるあまり、通常よりパワーが貯まっていない状態で投げに行ってしまう。この時に打者が打って来なければ良い。だが「打ち気満々」でスイングして来た場合、力のないボールが来るため、痛打を食らう確率がかなり高くなってしまうのだ。

走者を走らせたくないのは分かる。だがそのために打者への投球が疎かになってしまっては何の意味もない。「投手が勝負する相手は打者である」ということをまずは念頭に置くこと。仮に走者に走られてしまっても打者を抑えれば失点はしないのだ。そこを勘違いしないことが大事だ。

クイックをすることでボールの威力が減らないようにすることが重要

第四章

CHAPTER 4 〉 CHECK A RUNNER

牽制

走者を「刺す」ことだけを考えず、
リードを小さくさせる。

3

4

7
IWAKUMA
18

8
IWAKUMA
18

1

2

5

6
IWAKUMA
18

ランナーのリードをできるだけ小さくさせることを考える

ランナーを刺すことを意識し過ぎない

CHAPTER 4 | CHECK A RUNNER

一塁ランナーは刺しに行かない

「牽制（＊）で刺したい」と言う人もいるだろうけど、僕の場合は牽制で刺そうという意識はあまりない。ただランナーを、文字通り「牽制する」。牽制の1つの意図とするものは、「ランナーを釘付けにする」ということ。もちろん「盗塁をしよう」という意識があるランナーもいる。また、「1つでも先の塁を狙う」というランナーもいる。どちらに対しても、「リードを少しでも狭くさせよう…」という意識はある。

あとは配球によって、「1回、牽制をいれておこうかな…」というのもある。「どんな作戦があるかな…」、という時に入れる。そういった「様子見的」な牽制しかしない。昔は刺す目的の一塁牽制もやっていたが、今は考え方が変わった。刺すのではなく、ある程度、ランナーに目付をして抑えておく。後は同じタイミングにならないようにして、打者に投げる。ボールを長く

捕手と常にコミュニケーションを取ることが大事

ボールを持つ時間を意図的に変化させる

ランナーを刺すことを意識し過ぎない

持ったり、短く持ったりとか、そっちの方でランナーをケアしている。

セットの時間での駆け引き

牽制でボールを長く持ったり、短く持ったりするのは対ランナー、対バッターの両方に対しての駆け引き。

バッターに対してはちょっと長く持ったりしてじらしたりする。そしてランナーも一塁に釘付けにしておいて、ポンって投げる。その時にクイックがより早く見えたりする。そうするとクイックの効果がランナー、バッターの両方に対してより大きくなる。

そういうのは自分の感覚で、「もしかしたら走りそうだな…」、と思ってやる時もある。また、「長く持て」というサインもある。メジャーリーグの場合は、「これだけは

牽制することで相手の攻撃を読み取ることもできる

注意してくれ」というサインがある。

メジャーリーグのピッチャーでも同じテンポでパン、パン、パンと投げる人が多い。同じテンポで投げれば打者も合わせやすい。だから、「長く持って」というようなサインが必要になる。僕はそういう細かい部分は、日本で養われたものだと思う。

二塁走者とは目を合わせることで牽制になる

目を合わせることで牽制する

二塁牽制もメジャーリーグではやらない。二遊間（＊）の野手とアイコンタクトをして、「牽制をやろうか…」、という流れでやることはある。でも一塁牽制より二塁牽制の方が刺せる可能性は高い。二塁走者はリードの距離が見える。「いつもより一歩、二歩多いな…」というのが分かる。セットポジションに入って首を回して自分の目で見る。まずはその時にランナーと目を合わせる。後ろのショートよりランナーと目を合わせる、それは「目が合っているとスタートが切りづらい」と以前、野手からアドバイスを受けたから。まずは目を合わせて牽制する。目でランナーを抑えて打者に投げる。

それでもリードが大きかったら刺しに行くときもある。

二塁走者をワンヒットでホームへ還さない

二塁走者は牽制をすることで、一歩でもリードを小さくさせ、ワンヒットでホームに還らせないようにする。意識としてはそこを大事にしている。一塁走者に盗塁をされるのより、二塁走者のリードを少しでも小さくしたい。

基本的にランナーは「盗塁しよう」としていなければ刺せない。走る気がなければ牽制をすれば帰塁する。走ろうとしているから逆を付いて刺すこともできる。だから僕は盗塁のサインが出そうなタイミングだけ牽制してみる。あとは刺しには行けないけど、足だけ素早く動かしてランナーの様子を観察することもある。

牽制についての考え方

「走者に次塁に進まれても打者を抑えれば良い」、ぐらいに考える

牽制についての考え方もいくつかある。もちろん走者を牽制でアウトにすることができればそれに越したことはない。守備側からするとアウトカウントを増やすとともに、走者がいなくなる。攻撃側からすると、「得点するぞ」と勢いに乗りかけていた流れを止められてしまう。

牽制でアウトにすることは試合の流れの中でも大きい。だがそれだけに固執していても逆効果になってしまう。走者を気にするあまりに何度もプレートを外す。また牽制球を何度も投げる。投手としては懸命にやっているのだろうが、守っている野手は逆に感じてしまうこともある。野手からすると、できることならテンポ良くアウトカウントを重ねて、勢いに乗った状態で攻撃に移りたい。それがボール球を連発したり、不必要と感じる牽制球を投げられることで、精神的にイライラしてしまう。その状態で攻撃に移っても、集中できるとはとても思えない。

流れを悪くしないためにも、牽制にそこまでナーバスになる必要はない。例えば、メジャーリーグで多い、左投手でプレートを外しながらノーステップで一塁へ投げるタイプ。こういう投手なら刺せる可能性もあるからトライするのも良いだろう。だがそうでない場合、「リードを少なくさせよう…」ぐらいな考え方でいた方が、投手も精神的にも楽である。もしくは、相手の攻撃が読めない場合に牽制を挟む。例えば、送りバントをして来るかどうか、牽制を投げて打者の動きを確認する。それぐらいの気持ちで牽制はとらえた方が良い。走者に進まれても打者をしっかり抑える。そう考えればマウンド上でも楽になれるはずだ。

登板時に最高の
パフォーマンスを
発揮するために。

第五章

CHAPTER 4 ＞ CONDITIONING

コンディショニング

メジャーリーグ移籍後は、なるべく早く身体を作るようにしている

CHAPTER 5 | CONDITIONING

シーズン終了後からキャンプ、オープン戦、開幕まで

シーズン終了直後は完全オフ

各チームによってシーズンオフが始まる時期が異なる。仮にプレーオフ（＊）進出を逃した場合、10月頭にはシーズンオフになる。

そこからはまず、しっかりと休む。だいたい1ヶ月くらいはトレーニングなどまったくしないで休む。僕の場合、その間は走り込みとか、ウエイトトレーニング等もまったくしない。もちろん若手などでウインターリーグ（＊）に出る選手などは違う。僕の場合はトレーニングなどしない。その間、フィジカル（＊）的なものは落ちるが、積極的休養にする期間にしている。

その後は、11月の初めから少し身体を動かす。最初はジョギングと体幹。軽めで体幹トレーニングは身体全体の基本的なメニューから始める。12月に入るとウエイトトレーニングを入れて行く。休んだ間に全体的に筋力が落ちているので、全身をイチから作り始める。そこから徐々にペースを上げて行く。２０１３年のオフはそれらのメニューを仙台でおこない、年が明けた1月からは暖かい沖縄に移動してトレーニングをおこなった。沖縄でもメニューは基本的に変わってない。まだ年が明けてすぐの時期は、まだ身体が眠っている状態。急激に上げて行くと故障をしてしまう。だから徐々に、徐々に身体を目覚めさせて行く感じ。

沖縄、アメリカと徐々に追い込んで行く

ボールを持ってキャッチボールを始めるのも沖縄に来てから。短い距離から始めて50mぐらいの距離まで広げてゆっくりとキャッチボールをする。

自主トレ時期のキャッチボールは遊び感覚というか、いつも最初にカーブを投げて遊んでから入って行く。

とはいえ、「ゆっくりキャッチボールをやって、肩を温めてから投げて行く」、という感覚ではない。とりあえず早めに肩を作って、早く投げられる状態にしたい。だから指の感覚とかも早く作るために変化球を投げたりしている。

1月前半の自主トレではキャッチボールは50mぐらい。ここから1月中旬、そして2月のキャンプ前までは、長い距離で遠投をする。80mくらいは投げられるようにはする。

アスリートにとって体幹部分のトレーニングはオフ期間中もしっかりおこなう

1月前半は沖縄で、その後ロサンゼルスへ移動。その辺から距離を広げて行った。沖縄では40％くらいまでコンディションを上げることを目標にした。その後、ロサンゼルスではしっかりウエイトトレーニングを取り入れて身体に負荷をかけていく。そうやって2月

スプリングトレーニングに入った段階でゲームに入れるぐらいのコンディションを作る

のスプリングトレーニングまでに１００％のコンディションになるように仕上げる。

キャッチボール中心で肩を作る

メジャーリーグのスプリングトレーニングは2月中旬から始まる。それまでに2回ブルペンに入る。ブルペンでは、立ち投げ（＊）と捕手に座ってもらうが、両方を合わせても50球行かないぐらいしか投げない。 2回ともそれくらいだ。

スプリングキャンプに入る時はゲームに入れるような肩の作りだけはしておきたいと思っている。ブルペンでは50球ぐらいしか投げないが、遠投（＊）をして肩を作って行くようにしている。だからブルペンよりもキャッチボールを大事にしている。

ブルペンで投げない場合はキャッチボールと遠投で肩を作らないと

といけない。そこで肩を作って行きながら、スプリングトレーニングが近くなって変化球を投げて行く。そのうえでストレートも確認する。その中で、「この感じなら良いかな。このくらい腕が振れているな」、というのが確認できれば良い。だから、多くの球数を投げることはしない。

段階を積んで実戦に備える

試合で投げられるような状態でスプリングトレーニングに入る。そこからは試合勘を戻すことに注力する。スプリングトレーニングに入るとブルペンは3回。そしてバッティングピッチャーを1回やってオープン戦に入る。

ブルペン3回では、集中的に変化球を確認する。曲がり方や制球、そういった様々なものをブルペンでしっかり確認する。

実戦に即した形で投げることで少しずつ「試合勘」を戻して行く

バッティングピッチャー（＊）では、変化球を混ぜて投げる。実際に打者に投げることで試合感覚を戻す。そのうえで試合にかなり近い感じで投げられるようにする。「いつ開幕しても良いぞ」、という感覚まで持って行く。試合勘を戻すのは、メンタルを含めて投手として必要となるトータル的な部分。そこまでは、できるだけ早い段階で準備をして行く。

オープン戦はだいたい4試合ぐらい投げる。実戦での試合勘を戻すとともに、1試合ごとに長いイニングを投げられるようにする。それで最後の登板ではシーズン中と同じペース配分で投げてシーズンインだ。

シーズンに向けて逆算してコンディションを上げて行くことが大事

例：2013年シーズン終了後のスケジュール

●2013年

9月29日：全日程終了

10月：完全オフ

ジョギング、ウエイトトレーニングなども一切おこなわず完全休養。

11月：トレーニング再開@シアトル

少しずつ身体を動かして身体を目覚めさせる。ジョギング、体幹トレーニングなど。

12月：トレーニング内容を少しずつ増やす@仙台

全身のウエイトトレーニングを加える。

●2014年

1月：自主トレ@沖縄、ロサンゼルス

沖縄からキャッチボールも加える。アメリカに移動してからは本格的なウエイトトレーニングもおこなう。

2月13日：スプリングトレーニング開始@アリゾナ

試合前のルーティーンを大事にしながら調整して行く

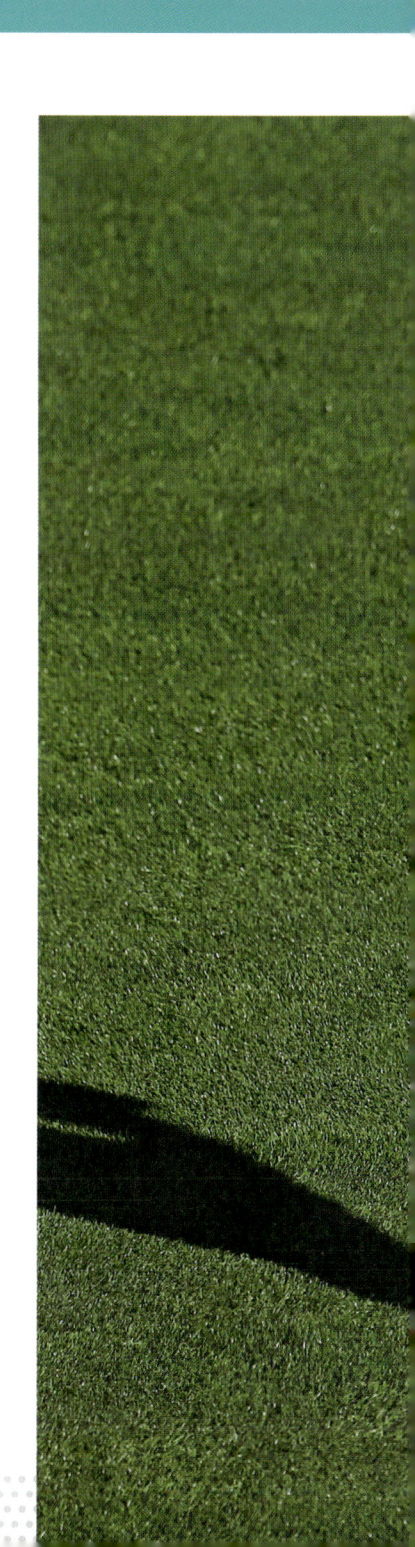

CHAPTER 5 | CONDITIONING

ブルペンとゲームは別物と認識する

寝過ぎないようにし、約3時間前の球場入り。

試合当日は、睡眠時間は8時間くらい。基本的に寝過ぎないようにしている。ゲーム前の、食事は、パスタなど、炭水化物やタンパク質などをしっかり摂取するように心掛けている。

ホームのナイトゲームなら7時10分プレーボールなので、4時前には球場に入る。球場に入ってから1時間くらいはクラブハウスでリラックスする。その後、1度ストレッチなどをして準備をおこなう。そして5時半くらいにミーティング。ミーティング後はホームの場合はお風呂に入って、ストレッチをもう一回する。その後、トレーナーに肩のストレッチと最終的な身体のチェックをしてもらう。そこから6時35分くらいにキャッチボールをしてブルペンに入る。それでゲームに備える。日本とは当日の調整方法がまったく異なり、先発投手はチームの全体練習には参加しない。登板当日の調整は先発投手に任されている。

ブルペンはあくまで「肩を作る場所」だと考える

ブルペンとゲームは別物

　ブルペンでの投球練習は、キャンプ、オープン戦の時と同じ。球数は大体35球くらい。ブルペンで投げ終わった後にダグアウト（＊）に戻る。ダグアウトに戻るのはプレーボール直前。この時はクラブハウス（＊）までは行かずダグアウト裏で汗を拭いて、ストレッチをして水を飲む。それからゲームに入る。

　登板時に自分の気持ちを最高に持って行くのは、ブルペンで肩を作って、ダグアウトへ戻り裏へ行った時だ。ストレッチして出る時に、「よし、行こうか」、という気持ちになる。

　ゲームの日のブルペンで、何となく調子が良い、悪いっていう感じがある。でもなるべく気にしない。ブルペンでメチャメチャ良いからって、ゲームで良いということにはなら

毎試合おこなわれる国歌斉唱のタイミングも考える

ない。そこは気にしないで、一つ区切りをして…。ブルペンはあくまで「肩を作る場所」だと。しっかり汗をかいて、しっかり肩を作るという。メンタル的にはそうやって切替えている。あくまでゲームはゲームでね。

ブルペンでは
プレーボールからの逆算

メジャーリーグは毎試合、国歌斉唱する。先発投手もそこで一端、調整を止める。だからブルペンで投げる時には、時間をしっかり考えてやっている。

ホームだったら6時57分に国歌斉唱がある。ブルペンには6時45分くらいに行って、6時50分には捕手が座る。座って5～6分くらいで国歌斉唱。それまでの間にしっかりと肩を作る。国歌斉

ダグアウトへ１度、戻ってからゲームに入って行く

球場入り後のスケジュール
（ホーム／セーフコフィールドの場合）

16:00頃　球場入り
1時間ぐらいはロッカーでゆっくりする。その間にストレッチをおこなう場合もある。
17:30頃　ミーティング
ミーティング後は、入浴しストレッチをおこなう。
18:10頃　トレーナーと肩のストレッチ
18:35頃　キャッチボールをしてブルペンへ

唱が終わると大体7時か7時2分くらいの間だ。その後2分くらいあるので、後5〜6球投げて終わるという感じ。そこで、「さぁこれで行こう」という感じで、もう一度カーッと上げていく。それで歩いてダグアウトへ戻ると7時6分くらいになる。

　プレーボールが何時何分開始だったら、何分に終わって、何分に国歌斉唱が終わるからと。その

登板直前のスケジュール
（ホーム／セーフコフィールドの場合）

18:45頃　ブルペン入り
18:50頃　捕手が座っての投球練習
18:57頃　国歌斉唱
19:02頃　最後に5〜6球投げる
19:06頃　ダグアウトへ戻る
ダグアウト裏で汗を拭き、ストレッチをしてプレーボールに備える。

ダグアウトでストレッチを1度やってからマウンドへ向かう

間の時間の使い方をなるべくしっかりやっておかないといけない。

ホームでの流れをビジターでも守る

ビジター（＊）も基本的にはホームと同じだ。球場に入ってからの流れは変わらない。ブルペンに入る時間が違うくらい。ビジターの方が少し遅いので…。練習開始が5時10分からストレッチとかになる。そこから逆算した感じだ。ミーティングが終わってからの過ごし方は変わらない。7時10分だったらビジターでも基本的には5時半くらいからはほとんど変わらない。そのビジターでもクラブハウスにある風呂に入って、自分のストレッチをして…、と。ブルペンに入る時間は、ホームより5分ぐらいあとになるかどうかで。あとでやるか先にするかくらいで、基本的には変わらない。

ホームもビジターも過ごし方は基本的に同じである

球場入り後のスケジュール（ビジターの場合）

16:00頃　球場入り
1時間ぐらいはロッカーでゆっくりする。その間にストレッチをおこなう場合もある。

17:30頃　ミーティング
ミーティング後は、入浴しストレッチをおこなう。

18:10頃　トレーナーと肩のストレッチ

18:40頃　キャッチボールをしてブルペンへ

CHAPTER 5 | CONDITIONING

中4日と中6日の調整方法の違い

疲労を残さないことを考える中4日

日本とアメリカの調整方法の大きな違いは「走る」ことだと思う。アメリカの選手はシーズン中はあまり長い距離を走らない。中4日というのはすぐにやって来るので、できるだけ疲労を残さないことが重要になる。だから乳酸を貯めないように走ったりはするけど、日本のように「走り込み(*)」のようなメニューはほとんどない。僕もアメリカに来てからは、走る量を少なくしている。もちろん、ある程度は走るけど、何となく自分の感覚で、「これくらい走れば良いかな…」というぐらい。それよりもキャッチボールを大事にしている。キャッチボールでその日の状態が見られて、「これだと大丈夫だな…」となれば良い。

日本にいた時は、登板前日は短いダッシュで身体のキレを出すようにしていた。でも今の僕はしていない。

日本の時の方が、「何か身体がしんどいな、重いな…」、とか感じることが多かった。アメリカではそんな感じがしない。結構、良い状態でブルペン、ゲームに入れている。アメリカの方が中4日でしんどいはずなんだけど、逆に楽に感

「走り込み」そこまでおこなわないが、自分の感覚は大事にする

調整の中ではキャッチボールでの感覚を最も大事にする

じるというか…。今、考えると日本の中6日の方がしんどかった。中4日は最初は、「ちょっとしんどいのかな…」、と思っていた。でも以外とすぐに、「できるもんだな…」、と感じた。

自分で感じたコンディションを大事にする

また日本では、ほぼ毎日マッサージを受けていた。身体をほぐして、疲れた部分の張りを全部ゼロにしてゲームに臨んでいた。今考えるとそれの方が逆にしんどかったのかもしれない。メジャーリーグに来て、マッサージの回数を減らした。身体に多少の張りを残すことによって、良いコンディション状

中4日：アメリカに来てからの調整方法

登板後～乳酸が貯まらないようにする。

降板後は、まず肩のトレーニングをする。ダンベルとかを使ったトレーニングをする。その後アイシング（*）をして、その日のうちに乳酸が貯まらないように有酸素運動をする。だいたい20分くらいトレッドミルを走ったりしてもう一度汗をかいておく。


1日目～長めのランニングや下半身のトレーニングなど。

登板翌日は、ランニング、「ポール間」を10本か12本くらい走る。その日は下半身のウエイトトレーニングをする。あとはチューブを使った肩のトレーニング。


2日目～中距離のランニングや上半身のトレーニング。

練習前にランニング、「ポール・センター」を10本くらい。そして50メートルくらいのダッシュを10本ぐらい入れる。上半身のウエイトトレーニングも練習前にやる。あとチューブを使った肩のトレーニング。その後にブルペンに入り、その後にPNFトレーニング（*）をする。


3日目～体幹トレーニングやダッシュ。

体幹トレーニングが中心。ランニングはほとんどしない。30メートルくらいのダッシュをするぐらい。それと肩のトレーニングをチューブやダンベルでする。


4日目～トレーニングはあまりおこなわない。

登板前日は負担のかかるトレーニングはせず、体幹トレーニングや肩のインナートレーニングをチューブかダンベルでやっている。

中6日：日本にいた時の調整方法

1日目～有酸素運動で乳酸を貯めないようにする。

2日目～「上がり」と呼ばれる完全休養日。

3日目～「ポール間走」で長めの距離をランニング。

4日目～「ポール・センター」で中距離のランニング。

5日目～ブルペンで投げ込み。

6日目～短い距離をダッシュして身体にキレを出す。

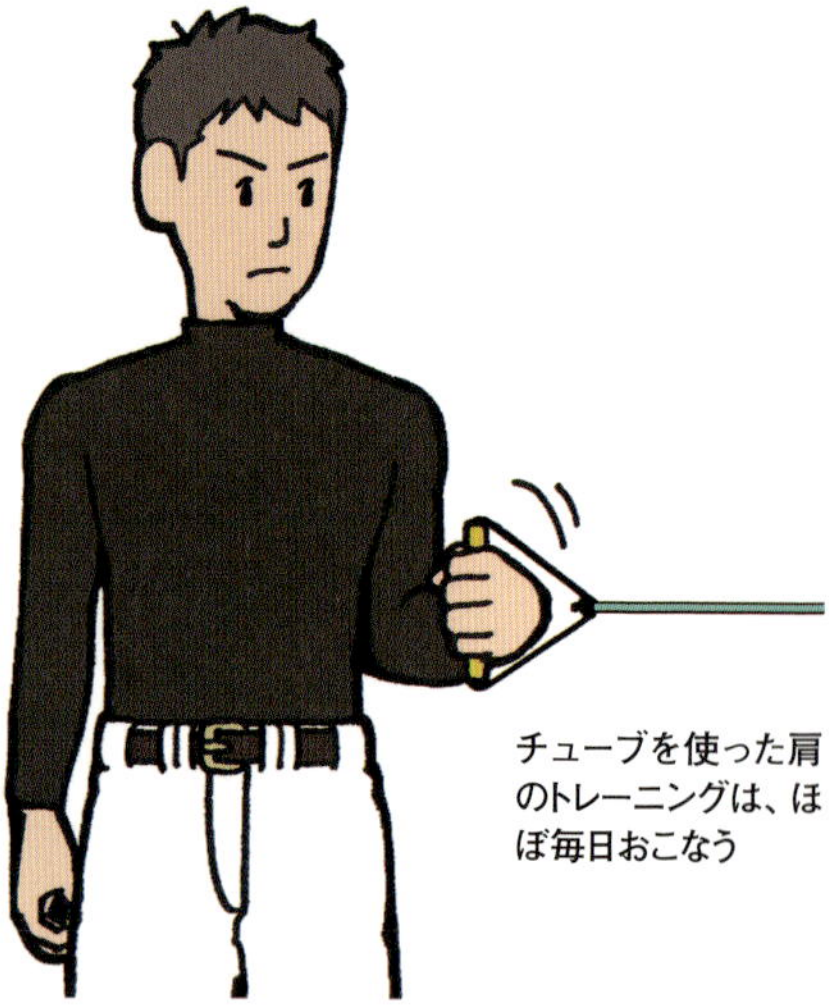

チューブを使った肩のトレーニングは、ほぼ毎日おこなう

態が維持できている。「身体の張りをゼロにする必要がないんだ」、と痛感した。下半身とか、どこかに張りがあれば良いなと思うぐらいになった。

　もちろん、ランニングなども必要と思えばやっても良いと思う。でも逆にしなくても良い時もある。その時に応じた身体に合わせていく。だからブルペンも絶対入らなければいけないとは思っていない。

その時の身体のコンディションで、自分が感じている中でやれれば良いなと。中4日の調整法も基本的には後述した形でやっている。でもそんなにストイックに、「必ずこれを入れなければいけない」、ということはない。臨機応変に、自分がその時に感じたままにやっている。一番大事なのは肩やヒジの張りを治めて、どこまで身体を回復させられるかだ。

長めの距離を走る「ポール間ダッシュ」は、登板翌日におこなう

登板2日目は中距離を走る「ポール・センター」をおこなう

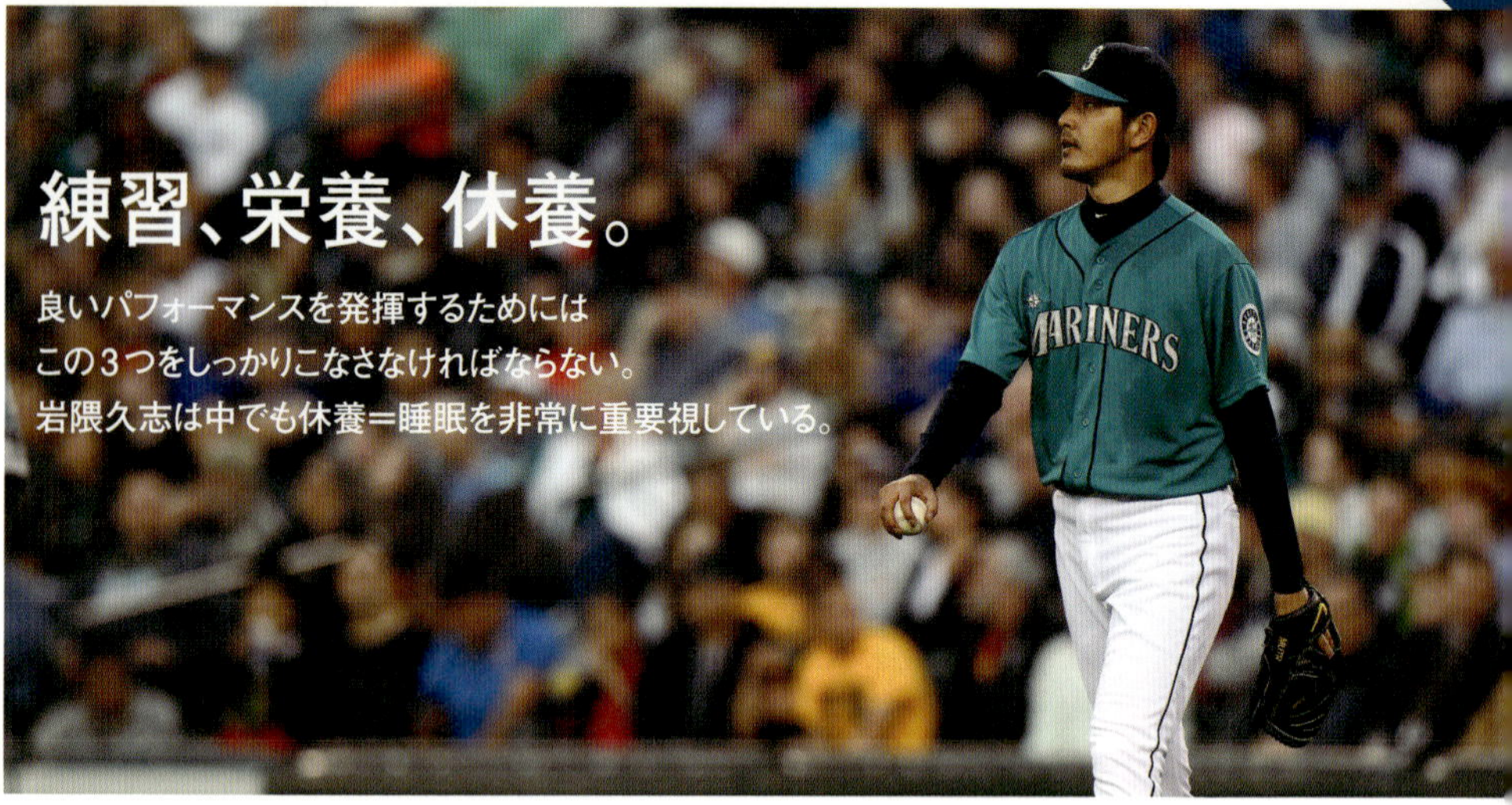

練習、栄養、休養。

良いパフォーマンスを発揮するためには
この3つをしっかりこなさなければならない。
岩隈久志は中でも休養＝睡眠を非常に重要視している。

「睡眠」に対する積極的な考え方

２０１３年、「サイ・ヤング賞」候補にも挙げられた岩隈久志。彼の強みは、年間を通して安定した投球内容にある。そのために岩隈はコンディションを整えることを重要視する。そのために、「睡眠」は必要不可欠だ。

「睡眠」に対しての考え方は人それぞれ。「もうこんな時間だから寝ないと明日に影響が出る」と消極的に考える人も多い。だが、一流のアスリートほど「睡眠」に対して積極的。「眠ることによって頭と身体の両方をリフレッシュさせ、高いパフォーマンスを発揮する」という発想だ。岩隈は自らの役割を果たすため、「睡眠」を積極的にとらえている。

常に身近にある「マニフレックス」

効果的な睡眠をおこなうために取り入れているのが、イタリア製の熟睡寝具「マニフレックス」。「マニフレックス」と出会ったのは、青木宣親（ロイヤルズ）の存在があったから。同い年の親友に09年ＷＢＣの際、「マニフレックス」製の枕をプレゼントされた。使用してみるとその快適性に驚いたという。帰国後、「マニフレックス」製のマットレスを購入。悩まされていた腰痛が嘘のように回復した。また睡眠後の疲労の取れ方も比べものにならなかった。現在も仙台とシアトルの自宅では厚めのタイプのマットレスと枕を使用。遠征時には、枕と薄めで三つ折りにできるマットレスを持参している。

「熟睡」状態の必要性

「マニフレックス」は「睡眠」の質を高め「熟睡」と呼ばれる状態を作り出すサポートをしてくれる。「睡眠」の最も重要な目的は疲労回復。

疲労が残っていれば、高いパフォーマンスを発揮できる可能性も下がる。

疲労には肉体的な疲労と脳の疲労がある。肉体的な疲労に関してはストレッチなど外的処置などをおこなうことで回復させることもできる。だが脳の疲労に関しては、脳をしっかりと休ませることができる状態、つまり「熟睡」と呼ばれる睡眠状態が必要となる。また人間の身体は脳が15分以上「熟睡」状態に入ると成長ホルモンが分泌される。これによって骨が作られ、老化した細胞が新しいものに生まれ変わる。そういった身体の作りを考えても「熟睡」は大切なことなのだ。

上：シアトル、仙台の自宅で使用している「フラッグ・FX」
左上：シーズン中の遠征に持参する折り畳み式の「スーパーレイEX」。
左下：枕が快適な睡眠を支える。「ピローグランデ」を使用

体型に応じてかかる身体への大きな負担

「熟睡」をするためには睡眠時の姿勢が重要になる。それをサポートするのが「マニフレックス」である。

人間には頭から胸部、腹部、臀部、そして足と様々な凹凸がある。睡眠をおこなうために横になると、必然的に凹凸に応じて床に接している部分と浮いている部分が生じる。床に接している部分には多くの重さが加わり、その偏りがある部分に痛みを感じてしまうのだ。特に一流アスリートになれば、身体がしっかりできている。凹凸も大きくなり自体重も重い。当然、負担もより大きくなる。「マニフレックス」のマットレスはそういった状況を大きく軽減することに成功した。人それぞれの体型に応じてしっかりフィットし、負担を軽減できるのだ。

「エリオセル」がサポートする熟睡

「マニフレックス」の大きな特徴は、身体を点や線でなく面で支える「体圧分散性能」型のマットレス。独自開発に成功した高反発フォーム「エリオセル®」である。

マットレスが少しでも硬過ぎると当たる場所により大きな負担がかかってしまう。逆に柔らか過ぎる

と内臓の重さ分だけより沈み過ぎてしまう。「エリオセル®」は横になった際に絶妙のバランスで身体にフィットしつつも支えることを可能にした。

写真1は和布団で寝た時の体圧の分布。写真2は「マニフレックス」で寝た時の体圧の分布。写真1で背中やお尻に集中していた体圧が、写真2では分散、軽減されている。また腰の下の隙間を埋めて、より広い面で支えているのが分かる。これが「マニフレックス」が熟睡をサポートする秘密である。

全世界で高い信頼を得る「マニフレックス」

「マニフレックス」の優れているのは機能性のみにとどまらない。耐久年数が3～15年と長く、しかも「つぶれて来たら交換する」という保証も付いている。ケア体制なども充実しているため、リピート率が非常に高い。

またイタリア製であるが、日本向け商品のリクエストにも対応。日本人の体型に適した製品ラインを完備。畳など床に直接敷くモデルや三つ折りになるモデルなどは日本向けのラインアップである。

岩隈や青木、前田健太（カープ）といった野球選手。香川真司（マンチェスターU）やイタリア本国のサッカー選手、ラグビー・イタリア代表などにも高い信頼を得ているのには大きな理由があるのだ。

メジャーリーグという大きな舞台で結果を出すためには、技術やメンタルだけではない。24時間、すべてにおいて徹底的なこだわりやストイックな自己管理が必要になる。岩隈が「マニフレックス」を愛用するのは、まさに必然なのだ。

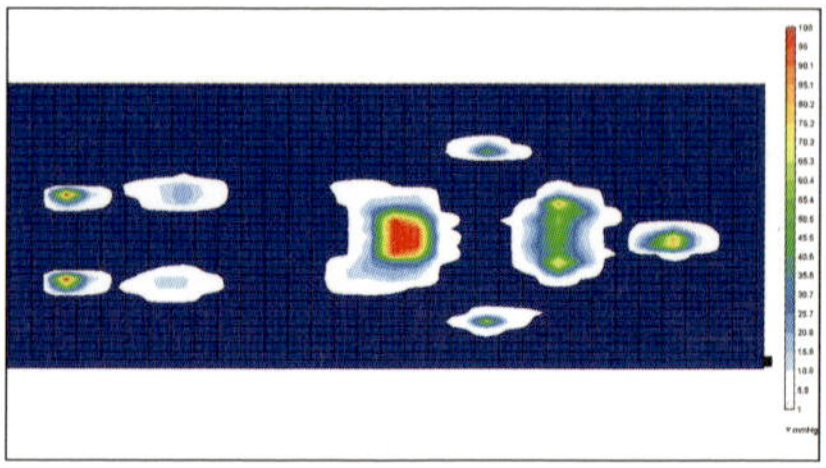

写真1：和布団で寝た時の体圧の分布

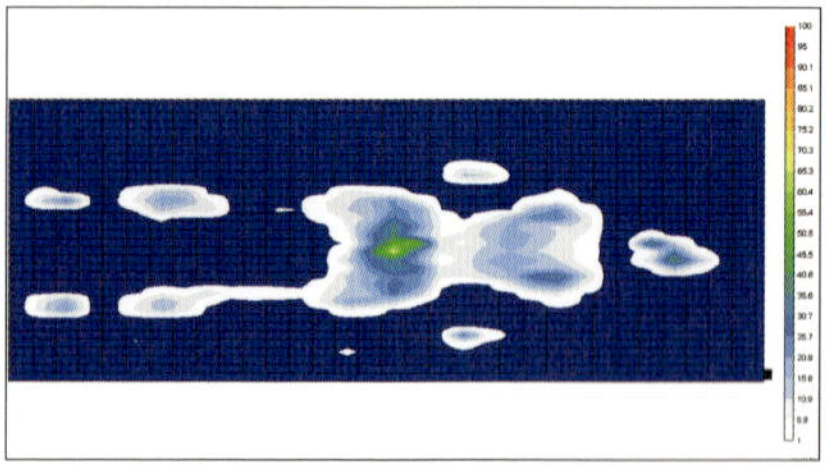

写真2：「マニフレックス」で寝た時の体圧の分布

「マニフレックス」については

株式会社フラグスサポート

お客様相談室フリーダイヤル 0120-008-604
http://www.flag-s.com

すべての球種を
イメージ通りに操る。

第六章

CHAPTER 6 〉 VARIETY OF PITCHES

球種

自分の球種をしっかりと理解して、操るイメージを持つ

球種についての考え方

CHAPTER 6 | VARIETY OF PITCHES

すべてのボールを正確無比に操る技術の高さが持ち味だ。だが技術を高める前に大事なことは、それぞれの球種についてしっかりとした考え方を持つこと。岩隈は自らの操るボールについてどう考えているのだろうか。

得意とする球種を捕手にしっかり伝える

現在、試合で使っている球種は全部で5種類。フォーシーム・ファストボール、ツーシーム・ファストボール、スライダー、カーブ、スプリット。その中でスライダーに関しては軌道の違う2種類を投げているので、正確には6種類と言っても良いかもしれない。

アメリカに来てすぐに捕手に対して、自分が得意とする球種の順番を伝えた。なぜならアメリカの捕手の配球は投手ありき。つまり打者のタイプなどではなく、投手の得意なボールを中心にサインを出す。相手打者のデータも細かくあるけど、基本的に配球は変わらなかった。ストレート中心の配球で追い込んだら変化球というのが多い。だから僕の得意とする球種の順番を伝えた。「1番はスプリット、2番目はスライダー、そして3番目はカーブ」と。日本にいた頃は僕自身、ストレートが中心という考えもあった。でもこっちに来て長いイニングを投げるためには、少ない球数で打たせて取らないといけない。だから打者の手元で動く「ムービングボール」を中心に考えるようになった。それがスプリットであり、ツーシームなど。だからアメリカに来てツーシームを使う頻度が増えた。

投手の個性を活かして打者を打ち取る

日本にいた時は、「糸を引く」ようなストレートが中心だと考えていた。でもこっちに来てからは柔軟に考えるようになった。いろいろな投手とキャッチボールをする機会がある。もちろんズドンと来るまさに「ストレート」を投げる投手もいる。でもほとんどの投手はその投手特有の回転がかかっていたりする。だからストレート（＝フォーシーム・ファストボール）を投げても、本当の真っ直ぐを投げている投手の方が少ない。それがその投手の個性にもなっていて、それをいかにして活かして打者を打ち取るかを考えている。

僕の場合、フォーシーム・ファストボールに関しては、日本時代と同様に「糸を引く」ようなストレートを投げる。それ以外の球種で「ムービングボール」を使うようにしている。それの1番手はやはりスプリット。そしてアメリカに来て多投するようになったのがツーシーム・ファストボールだ。

ボールの動きが大きいので ツーシームは使いやすい

僕はスプリットで打ち取る投手だと思っている人が多い。もちろん今でもスプリットは最も得意とするボール。落としたい場所に正確に狙って落とすこともできるし、球速の変化も付けることができる。やはり今でも「ここ」という時には頼ることが多い。でもスプリットだけではなくなった。ツーシームなどは日本にいる時より多く投げるし、様々な使い方をするようになった。

以前は右打者のインコースへ投げて内野ゴロを打たせる。または左打者のアウトコースに投げて空振りを取るような使い方をしていた。でも最近では様子見に投げたりすることもある。初球から投げたり、何球も続けることもある。これはメジャーリーグのボールが日本のものより動きやすいから。投手によって変化の軌道も異なるし、正直、僕自身もどういう軌道なのかは投げてみないと分からない。でもボールの動き方が大きいので痛打されるリスクも低い。そういう意味でも使い勝手の良いボールだと思う。

球数を少なくして 打者を打ち取るために

また「ムービングボール」だけでなく、カーブやスライダーも活用するようになった。カーブは初球など早いボールカウントでいきなり投げると打者はほとんど打って来ない。「まさか初球から…」と思うだろうし、それを打って凡打するのが嫌だろうからスイングすることはほとんどない。だからカーブで簡単にストライクを1つ取ることができる。それだけでも持っている意味が大きいボールだと思う。

またスライダーに関しても、速くて鋭いもの、そして球速は落ちるけど曲がりの大きいものの2種類を投げる。球速や軌道が異なるから打者からすると、同じスライダーでも別物に感じる。また「2種類のスライダーを投げて来る…」と考えさせるだけでも、投手にアドバンテージがある。

とにかく持ち球すべてを有効活用して打ち取ることで、できるだけ球数を少なくしたい。可能であれば「1球で打ち取る」ことが理想。だからすべてが大切な球種だ。

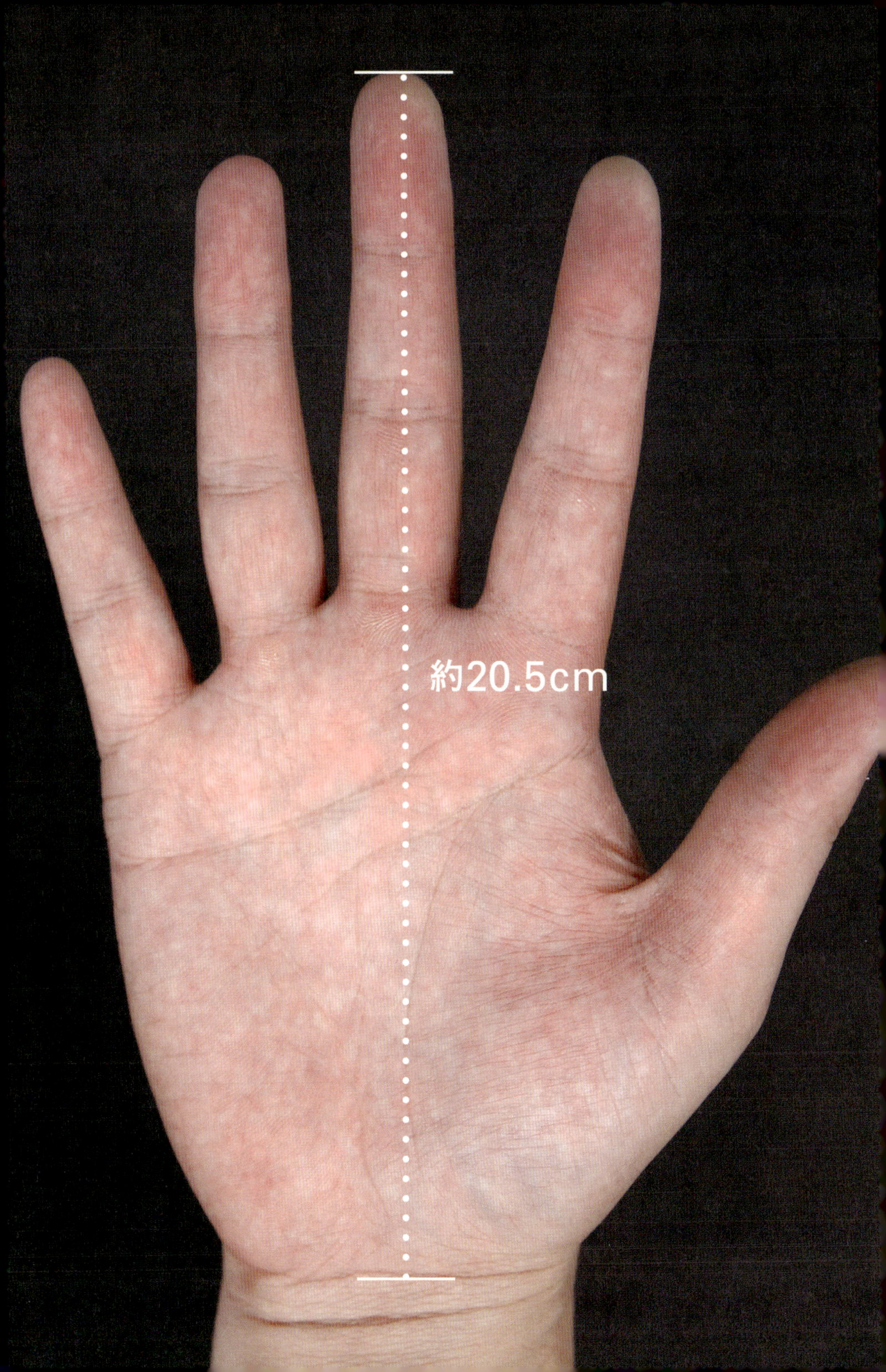
約20.5cm

CHAPTER 6 | VARIETY OF PITCHES

腕を振るのは頭の横から

親指をボールの中心において支えることで握りの安定感が増す

性質

フォーシームの軌道は、基本、キレイに糸を引くようなストレート。その中で大事にしているのは「伸びるイメージ」。「低めで伸びるイメージで」をしっかり持って投げるのが一番大事。

使用

長いイニングを投げるためにも球数を少なくしたい。だから1球で打ち取ることができるボール、打者の手元で変化させるようなボールを決め球にする。それを活かすためにもフォーシームが大事になる。

親指と人差し指の間には少し間をあけて握っている

薬指の第一関節と第二関節の間でしっかりと支える

人差し指と中指の２本の指の腹部分を縫い目にしっかりかける

捕手まで糸を引くような真っ直ぐの軌道が理想

投げるコツ

身体全体をバランス良く使うことが大事。軸足に体重が乗り、最後のリリースへ重心が伝わる。それができればリリースで指先からパチッとボールを弾いてくれる。

腕を振るポイントは頭の横から、ちょっと先までのイメージ。トップからリリースまでずっとではなく、頭の横だけの感じ。ヒジが出て来て、「顔の横あたりから腕を振る」感覚。腕を振るのはここだけ。

CHAPTER 6 | VARIETY OF PITCHES

握りを変えて フォーシーム同様に投げる

人差し指と中指の指先をしっかりと縫い目にかける

性質

日本にいる時から投げていたボール。それを日本では「シュート」と呼んでいた。アメリカでは「シュート」と呼ばないので、今は「ツーシーム」と呼んでいる。基本的に投手から見て右側に変化するボール。

使用

日本にいた時は右打者のインコースへ投げていた。アメリカへ来て「フロントドア」と呼ばれる、右打者のアウトコースから入れる使い方もするようになった。あと左打者のインコースから入れる使い方もする。

投げるコツ

ストレートと投げ方は同じ。握りが違うから変化する。また、日

人差し指と中指の付け根までしっかり縫い目にかかっている

薬指の第一関節と第二関節の間でしっかりと支える

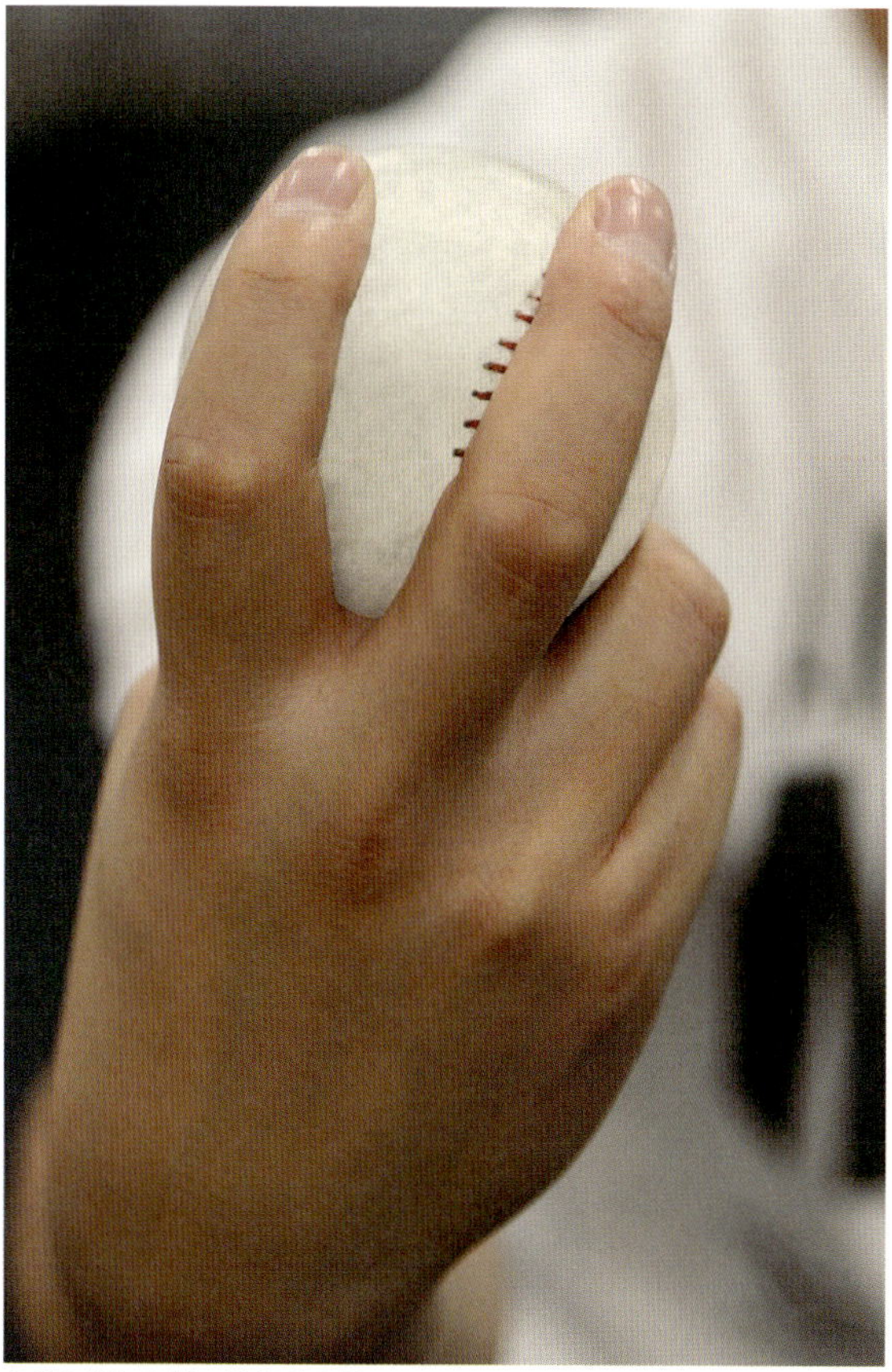

人差し指と中指の腹部分を縫い目にしっかりかける

右打者の内側、左打者の外側へ向かって曲がって行くシュートの軌道

本のよりアメリカのボールの方が動くから、自然と投げられるようになった。

他の投手を見ていると、黒田さん（博樹・ヤンキース）（＊）なんか本当にうまく使っていますよね。投げる時にはストレートと同じ感覚で投げて、打者が打つ時にちょっと動かしてゴロを打たせる。だからスピードはフォーシームとツーシームは変わらない

CHAPTER 6 | VARIETY OF PITCHES

手首を立ててストレートと同様に投げる

人差し指と中指を右より、親指も中心より右よりに握る

性質

ストレートと同じ腕の振り方をする。そうすると打者は途中まではストレートと同じ軌道に見える。それが打者の手元に来て、投手から見て左方向へ鋭く変化する。空振りも取れるし、左打者は詰まらせることもできる。

使用

右打者に対してはアウトコースへ逃げるように投げる。そうすると打ち損じたり、空振りを取ることができる。左打者に対しては胸元へ投げることで詰まらせることができる。カウントも取れるし勝負球にもできるボール。

投げるコツ

どんなボールでもそうだけど、ま

親指の腹部分を縫い目にしっかりかける

薬指の第一関節と第二関節の間でしっかりと支える

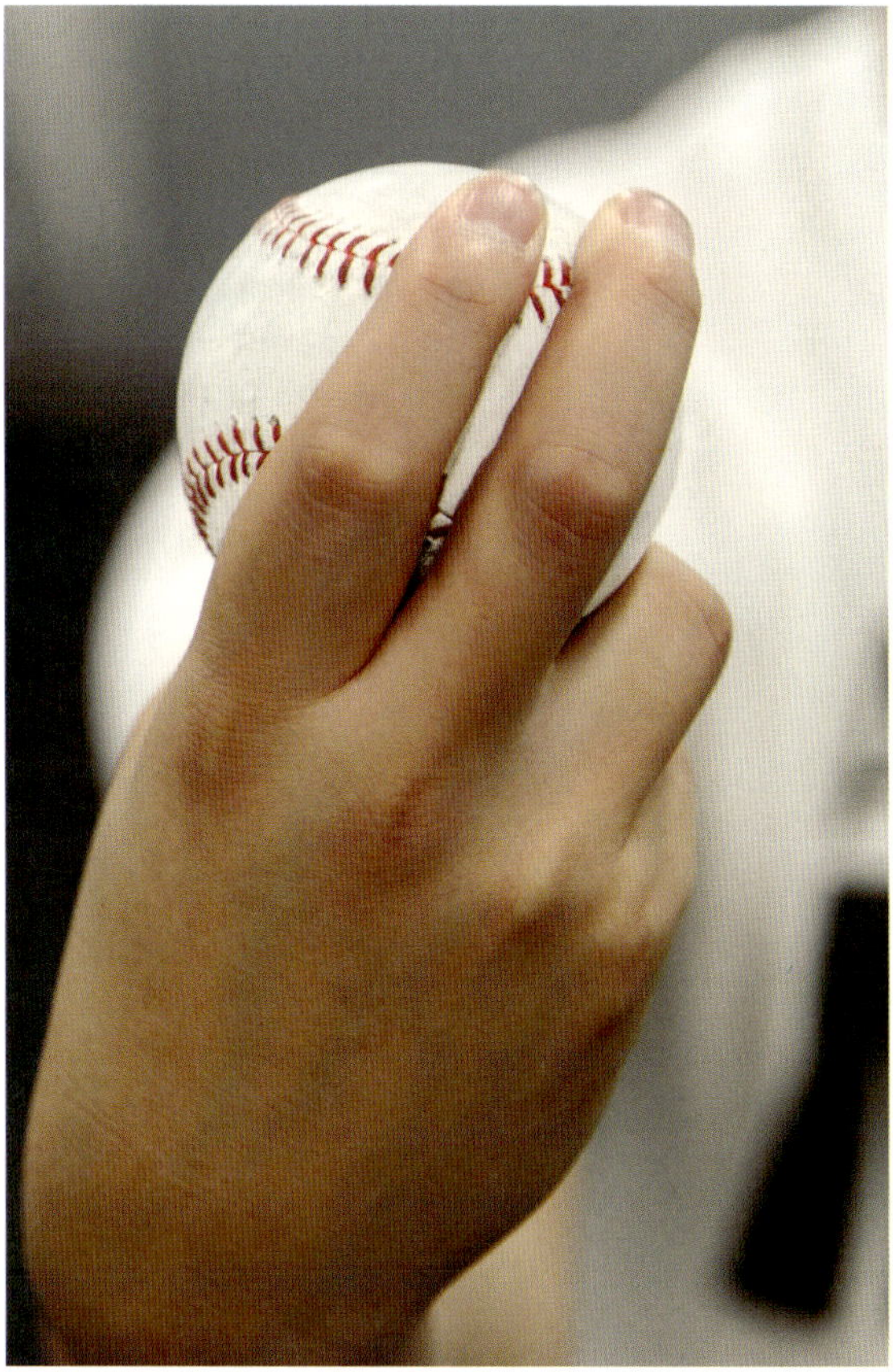

人差し指と中指の指先をしっかりと縫い目にかける

打者の手元で右打者の外側、左打者の内側へ鋭く曲がる

ずはストレートと同じ腕の振りをする。そのうえで握りが異なるので変化するというように考えなくてはいけない。それを「しっかり曲げよう」と思って強く捻ったり、手首が寝てしまうと抜けやすくなる。そうするとコントロールできないし、甘いボールになってしまう恐れがある。手首をしっかり立てて、ストレートと同様に腕を振れば自然と変化してくれるボールになる。

CHAPTER 6 | VARIETY OF PITCHES

右打者から空振りを取る大きなスライダー

人差し指と中指の指先をしっかりと縫い目にかける

性質

ツーシームのような握りでスライダーを投げる。こっちの方が横にグーンと大きく曲がる。イメージとしては「スラーブ（＊）」のような軌道。もう1つのスライダーよりスピードが少し落ちるけど曲がりは大きい。

使用

横滑りの変化が大きいスライダーなので空振りが取りたい時、三振を取りに行く時に右打者に使う。右打者の外に大きく逃げるようなイメージで投げる。だから左打者は見やすくなるので使わない。

人差し指と中指の付け根までしっかり縫い目にかかっている

薬指の第一関節と第二関節の間でしっかりと支える

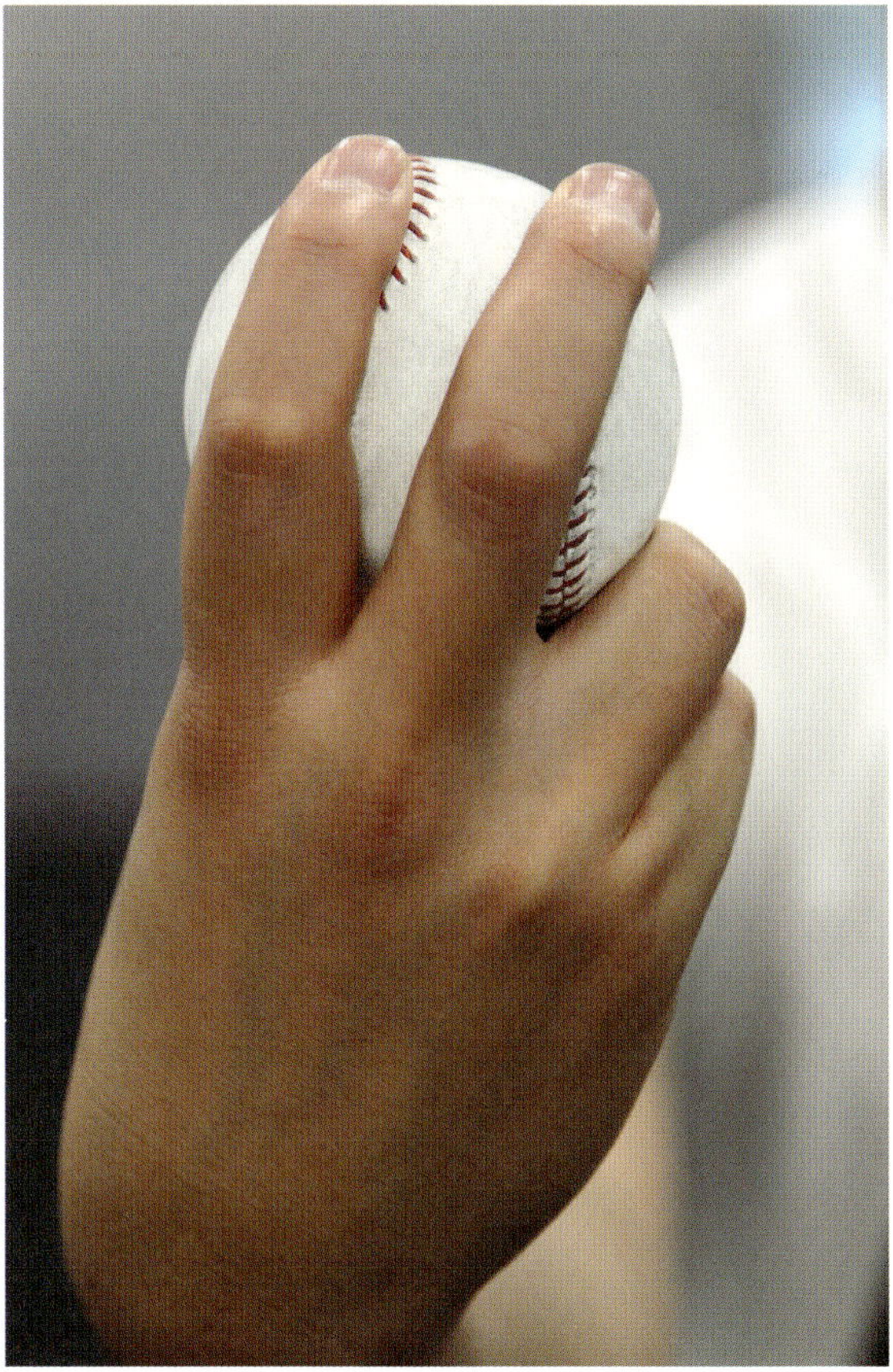

ツーシームと似ているが多少、左側に握る

投げるコツ

ツーシームをズラした感じで握ることで、グリップに安定感が出る。その握りで多少捻るイメージで投げるので、より大きく変化させることができる。

こっちのスライダーは日本にいた時、バファローズ時代はこれを使っていた。でも一度封印して、速いスライダーを投げていた。それでしばらくしてから再び投げ始めた。２種類のスライダーを投げて打者を惑わせる、考えさせることができるボール。

スライダー①より球速が多少、落ちて大きく曲がる

CHAPTER 6 | VARIETY OF PITCHES

「指パッチン」で指を鳴らす時にリリース

中指の指先をしっかりと縫い目にかけ親指で安定感を高める

性質

スピードをしっかり落として打者の目先を狂わせるボール。打者はストレート系を待っていることが多い。大きく変化するカーブを投げることで、打者の視線も1度上に上がるので、スイングしないで見逃すことが多い。

使用

初球とか「1ボール」などの打者の頭にないところで投げる。また「打ちたい」ところでカーブを投げてストライクを取る。打者は甘いカーブでも手は出さない。「打ち損じたら嫌だ」という感覚があるから。右打者も左打者にも使うボール。

人差し指と中指の付け根まで深くボールを握る

薬指の第一関節と第二関節の間でしっかりと支える

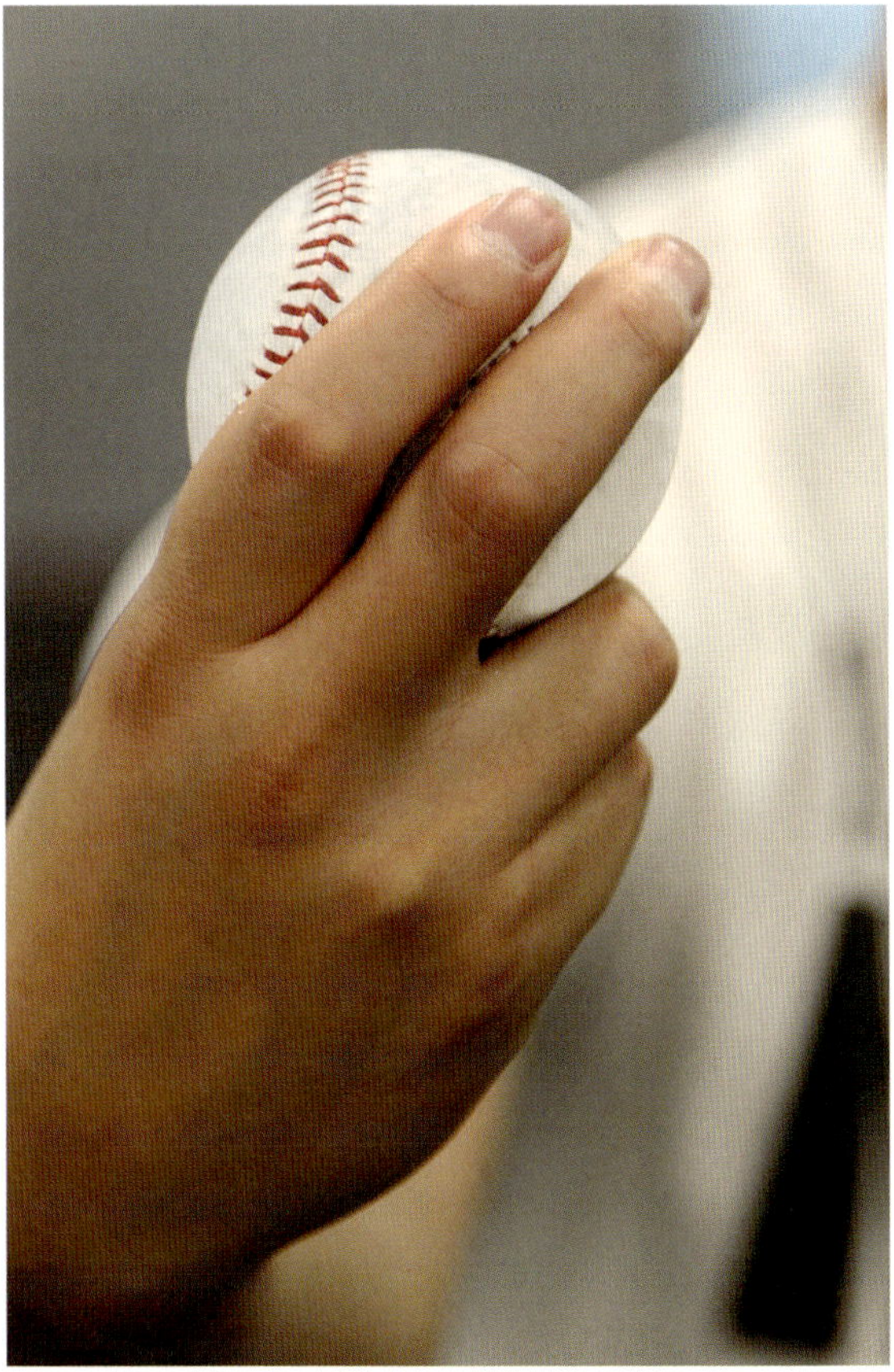

中指の腹部分を縫い目にしっかりかける

投げるコツ

カーブを投げる時に、基本的には「捻る」イメージはない。あまり意識しなくても、カーブはリリースで手からパーと抜けるイメージがある。だからその上に、リリース直前で親指をかけて捻ると大きく抜けてしまう。だからあんまりしっかりとは捻らない感じで投げる。「指パッチン」のように親指と人差し指を鳴らす感覚。このパーンと鳴るところで、リリースするようなイメージ。

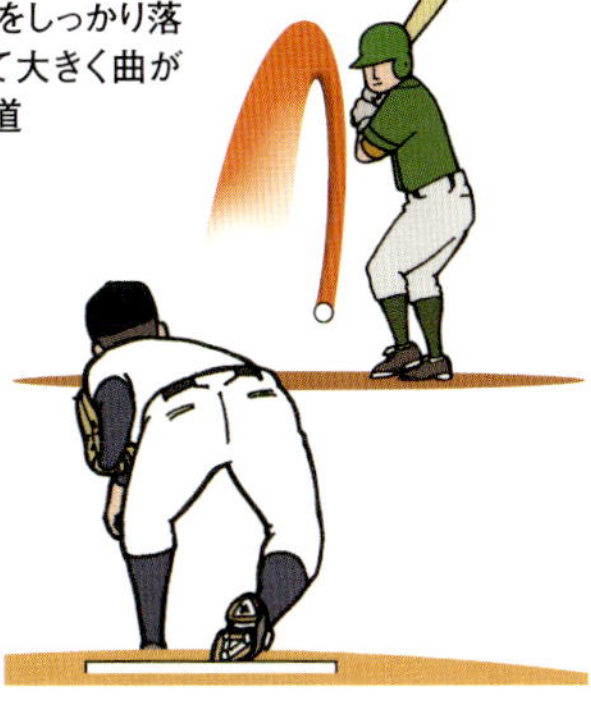

球速をしっかり落として大きく曲がる軌道

人差し指と中指の先を縫い目の外側にかける

自由自在に操れるボール

CHAPTER 6 | VARIETY OF PITCHES

性質

腕の振りはストレートと同じ。打者には投げた瞬間はストレートと思わせたい。それが打者の手元で落ちる。スプリットもストレートが変化したものと考える。ずっと投げているので、正確にコントロールができるボール。

使用

コースや落とす場所、ストライク、ボールなど、イメージ通りに投げ分けることができるボール。カウントを取ることもできるし、空振りを奪うこともできる。腕の振りでスピードを変えたりもできるボール。

投げるコツ

投げ方はストレートと同じ。指を開けば、ボールの回転数が落ちて、

人差し指と中指の付け根までは深くボールを握っている

薬指の第一関節と第二関節の間でしっかりと支える

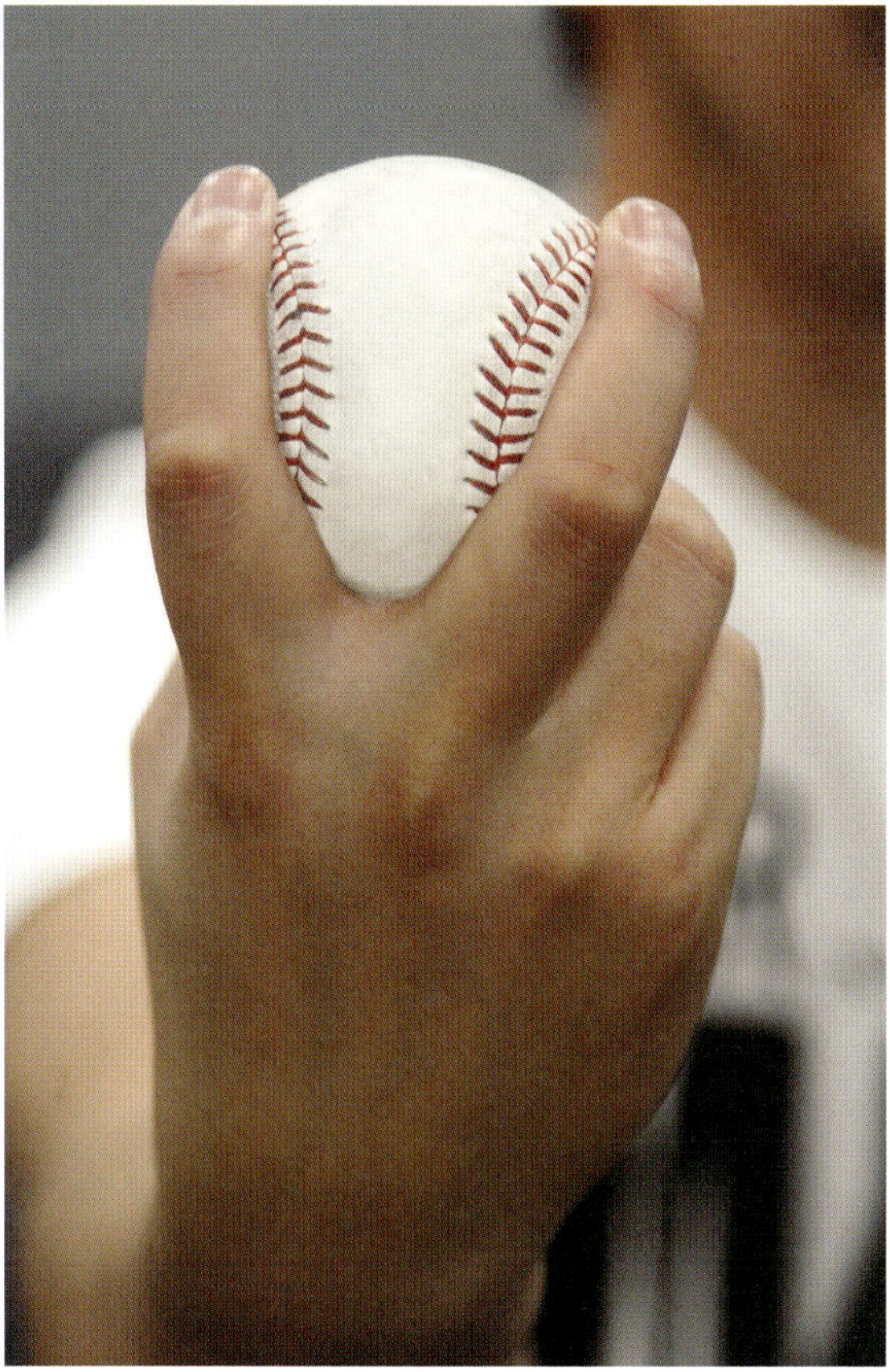
人差し指と中指で縫い目の狭い場所を挟むようにして握る

途中まではストレートに見える軌道で行き、打者の手元で落ちる

スピードが落ちるから絶対に打者の手元で必ず落ちる。だから注意するのは落とすポイントだけ。落とすポイントを腕の振りで変えている。

また、僕は握る時にあまり指は開かない。確かに指を開いた握りにしたら引っかかるんで、落ちる。でもその分、コントロールが効きにくくなる。狙ったポイントへ正確に投げるために今のような握りにしている。

スプリットを理解してイメージを持つ

CHAPTER 6 | VARIETY OF PITCHES

岩隈のウイニングショットである「スプリット」。コース、高さ、スピード、奥行き…。すべてを変幻自在に操る技術の高さを誇る。考え方1つでこのボールをしっかり操ることができるという。

「落ちるボールが良いボール」ではない

日本でも打者の手元で微妙に動く「ムービングボール」を投げる投手がずいぶん多くなって来た。でもそれ以上に、メジャーリーグでは主流。逆に言えば「ムービングボール」がないと、なかなか打者を打ち取るのは難しいかもしれない。僕の場合はストレートと同じ腕の振りで投げるスプリットがそれに当てはまる。スプリットは腕の振りはストレートと同じ。だからストレートが変化したものだと思っている。それが「ムービングボール」の考え方だと思う。

　ストレートが多少、変化するから打者も打ち損じてくれる。だから「落ちるボールが良いボール」という考えを捨てること。スプリットはストレートが自然に落ちるという考えの方が良いと思う。

日米の「落とし方」の違い

日本にいた時からスプリットは僕の「決め球」だった。イーグルスの最後の年などは、日本のボールで自分の思った通りにスプリットをコントロールできた。でもアメリカへ来て、やはり最初はスプリットにも試行錯誤があった。ボールの違いがあったし、打者のタイプや考え方もやはり日本とは違うものがあった。

　例えばメジャーリーグ1年目の最初の頃は、自分のイメージした軌道で投げることができなかった。またイメージ通りに投げても打者が振ってくれなかったり、捕手が捕れないということもあった。

　僕は基本的にホームベースを目掛けてスプリットを投げていた。でもアメリカの投手はワンバウンドするかどうかのギリギリのところに投げていた。そうすると相

すべてのボールに共通して言えるが、腕は顔の横辺りから先だけ振るイメージを持てば鋭く振ることができる

手打者も振ってくれる。そういう違いに気付けたのも大きい。それからは落とす場所をしっかりと意識して投げて打者を打ち取れるようになった。

ベースの幅の中でボール球を投げる

捕手がスプリットやフォークを投げる投手に対して何を要求するかも重要。スプリットやフォークというボールはストライクを投げる必要はない。ボール球が欲しい。捕手はそう思っているはず。だから投手の方も、「スプリットはボールを投げれば良い」と考えれば良い。ただその時にもストライクゾーンを外さないでベース上のストライクゾーンに投げるのが必要。その上で低めのボール球を投げること。

また、同じボール球でもベースの上に落とすのか、捕手のぎりぎりに落とすのか。捕手ぎりぎりに落とせばバッターは打ってもゴロになりやすい。ベースの上に落とせば空振りを取れる確率が高い。ベースの幅（＝ストライクゾーンの上）であとは奥行きの部分をしっかりコントロールすることが大事になって来る。

投げる前に落とす場所をしっかりイメージする

落とす場所を変化させるのは意識的な部分が大事になる。投げる前にしっかりとイメージすること。例えば、手前（＝投手寄り）に落としたいという時は、より高い位置から落とすイメージ。捕手は普段の場所に構えているけど、イメージの中ではもう少し前（＝投手寄り）に構えていると思って投げる。

基本的にはベースに向かってボール球を投げるイメージを持つ。スプリットやフォークを投げる時は、捕手の要求も「ストライクを投げる」ということは絶対ない。だからストライクゾーンに構えることもない。それをまずはしっかり頭に入れておくことも大事。

考え方が分かれば自然に落ちる

スプリットやフォークに関しては、考え方がすごく大事。握りとかではなく考え方が分かって来れば、ボールは自然に落ちるはず。そこから感覚が分かって来たら、「どの高さでここへ落とす」とか、「ストライクからボールに落とす」とか、というように投げ分けられるようになる。

最初のうちはボールからボールになっても良い。ホームベースとマウンドの真ん中くらいに落ちても良い。なぜならスプリットやフォー

メジャーリーグの打者はワンバウンドするかどうかのギリギリのボールは振って来る

落とす場所をイメージするには、捕手がホームベース上で構えているようにイメージする

クに関しての要求は、基本的にボール球だから。極端にいえば、それがキャッチャーの要求。それができれば打者も、こいつフォークを投げる、スプリットを投げる」、と考えさせることもできる。そういう風にしっかり考えることができるかがポイント。

手首をしっかり立ててリリース

フォークやスプリットは、挟んで握る。だからボールの回転数が落ちて絶対に打者の手元で落ちるはずのボール。それが落ちないで真っ直ぐスーっと行っちゃう投手もいる。そういう投手は腕も振っているんだけど、「落とそう」という意識が強過ぎる場合が多い。挟んだボールがそのまま抜けてしまう。だから「落とそう」という意識が強すぎるのは良くない。

すべてのボールに共通するが、手首を立てた状態でリリースすることが大事

また投げる時には手首を立てなくてはダメ。どんな変化球を投げる時もそうだけど、基本的に手首は立てなくてはいけない。特にスプリットは手首を寝かせて投げると落ちない。

そういうタイプの投手はスプリットやフォークではなく、チェンジアップ（＊）の方が投げやすいように思う。アメリカでは、スプリットやフォークよりもチェンジアップが主流になっている。スプリットやフォークをあんまり投げたがらないのはそういう部分かもしれない。

CHAPTER 6 | VARIETY OF PITCHES

カットボールを投げる可能性

フォーシーム、ツーシーム、スライダー、カーブ、スプリット。
現在、５種類の球種を変幻自在に投げ分ける。
そんな岩隈が現在、考えているのはカットボール（＊）の存在。
メジャーリーグの左打者対策を考えているからだ。

チェンジアップの必要性は感じない

アメリカではストレートとチェンジアップを投げる投手が多い。でも僕はチェンジアップは今のところ投げない。投げようとすれば投げられるのかもしれないけど…。

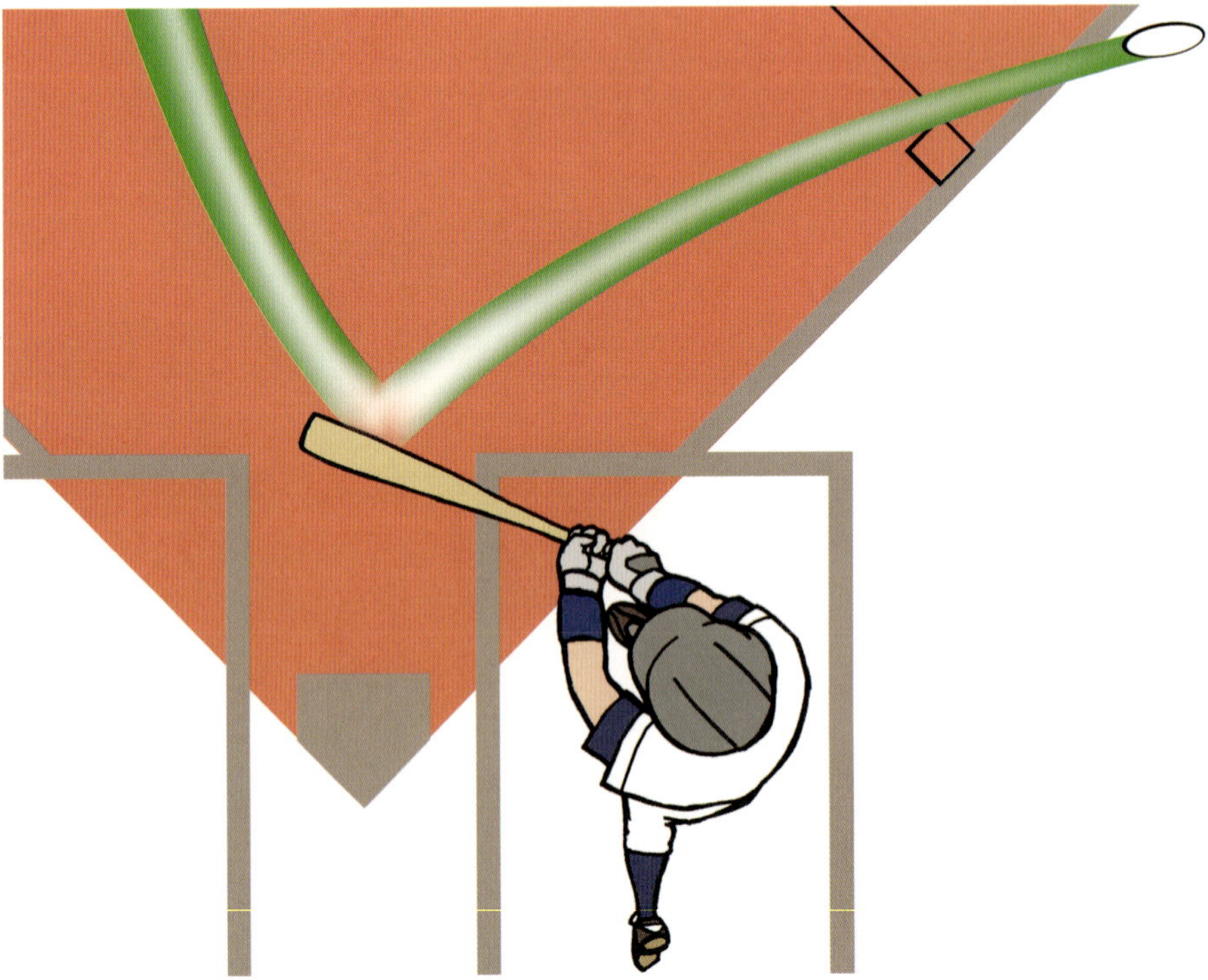

日本の打者は比較的、前でとらえるのでスライダーは打ってもライト線のファールになる

チェンジアップはストライクゾーンに投げるイメージがある。スーっと入ってくるちょっと沈み気味のボールの軌道。打者が「ストレートだ」と思ってスイングした際に、バットの芯を外して打ち取る。だが仮にチェンジアップが「抜けた」時にはリスクがあると思う。「抜けた」時にストライクゾーンに力のないボールが入ってくれれば長打を打たれる可能性が高い。しっかりと投げないと危険性が本当に高いボールがチェンジアップだ。また同じようにストレートを意識させて打ち取る「ムービングボール」ならスプリットやツーシームがある。だからチェンジアップは考えていない。

常に進化するためにさらなる球種を増やす可能性もある

左打者のインコースへ カットボール

今後、メジャーリーグでやって行く中で、球種を増やして行くことも少し考えている。増やすとすればカットボールかな…。左打者に対してカットボールを投げることは考えている。僕のスライダーは見やすい軌道で左打者の方へ入って来るらしい。途中までストレートのような軌道で来て、左打者の手元に入って来るのではなく、ちょっと横から入って来る。日本の打者に対しては、ベルト辺に投げていたスライダーは打ってもファールになる。だからストライクが取れた。でもメジャーリーグだとそれができない。詰まってでも身体に近いところまでボールを引きつけて打つ。そうするとファールにならないでヒットゾーンに運ばれてしまう。だから左打者に対してはスライダーを投げないようにしている。見せ球にするか、完全にボールにするか。左打者に対してはスライダーで空振りを取ったことがない。やろうとしてもできない。いろんな幅を利かせたいという意味も込めて、インコースにカットボールを入れてみようかなと思っている。

打者を考えさせることの必要性

新しい球種についてはすぐにというわけではない。でもいろんな可能性があると思うので、必要性を感じた時が来れば投げてみたい。

今は自分自身が持っているもので、日本にいる時と形も変えずにやっている。13年はローテーションを守ってやって来てそれなりの結果が出せた。でも年間を通じて投げて来て、当然、研究されている。データもかなり貯まっている。それに打者の目も慣れて来て、後半などはスプリットを振らなくなって来ていた。また同じ試合でも、最初は振って来ていても3打席目くらいになって全然振らないこともあった。だからそういう場面などでカットボールを入れたりして幅を持たせるということを考えている。球種が1つ増えただけでも打者に対して考えさせることができる。

新しい球種を覚える時にもキャッチボールが最も効果的だ

新しい球種もキャッチボールで覚える

新しい球種を覚えるのもキャッチボールが大事。一番良い練習方法はキャッチボールの延長がマウンドに立った時という考え方。そこで捕手が座っただけ。傾斜がある分、捕手が座っても投げやすい。やっぱりキャッチボールをすごく大事に投げること。

実戦で使う時は、余裕を持って使うようにする。言葉は悪いけ

メジャーリーグの打者はボールを手元まで呼び込んでとらえるのでヒットゾーンに飛びやすくなる

ど、遊び感覚。例えば、実戦でカットボールを使うとする。事前にちょっと言っておいて、「少しカットボールを入れて行くよ」と。イニングの間に「この打者は次3打席目だから、2球目ぐらいにカットボールを入れてみよう。初球はカーブで入って2球目に高めにパンッと入れてみよう」と。そこで「遊び感覚」で投げてみる。それも余裕のある展開の時だ。厳しい展開の時にはもちろん投げない。だから練習試合とか、オープン戦とかで使ってみれば良いと思う。例えば、スプリットを今まで投げていない投手が投げる。今まで投げてなかったボールを投げる。そうすると打者からしてみると、「この投手、今年はスプリットを投げるんだ」と思う。そう思わせておけば相手を惑わせることができる。だからいろいろ試すことは本当に大事だと思う。

球種についての考え方

日本では子供の頃から「糸を引く」ような真っ直ぐの軌道が素晴らしいと思われている。そのためにはボールを投げた時にキレイなバックスピンがかかり、ボールが真後ろに回転しているようなイメージだ。岩隈自身もフォーシーム・ファストボールにはそういう軌道やボールの回転を求めている。そういうボールがあることで、他のボール、特に「ムービングボール」をより活かすことができるからだ。

球種についてもしっかり考え自分に最適なボールを見つけることが大事だ

また岩隈以外でもそういうフォーシーム・ファストボールを投げる日本人の好投手が多い。例えば、藤川球児（カブス）などはそうだ。人差し指と中指をくっ付けて縫い目にかけてボールを握る。しかもリリースの時に2本の指で強く引っ掻くことで、強烈なバックスピンをかける。藤川のストレートが伸び上がるような軌道に見えるのはそのためである。

逆にメジャーリーグで投げている投手たちの中で、真っ直ぐな軌道のフォーシーム・ファストボールを投げる人はほとんど見かけない。これは子供の頃から野球の環境の違いによるところが大きい。日本では、「まずはキレイな真っ直ぐを覚えなさい」と指導される場合が多い。逆に海外、特にアメリカや中南米の場合、それぞれのボールの軌道は、その人の「個性」だと言われる。だからフォーシーム・ファストボールを投げてそれが大きく動いても注意されることはない。「それを活かして打者を打ち取ることを覚えなさい」と言われる。

日本と海外、どちらのアプローチの仕方が良いというのはない。大事なのは、本人がしっかりと考えることだ。それができれば自分に適した球種を見つけることもできるはずだ。

環境への適応が成功への
ファーストステップ。

第七章

CHAPTER 7 ＞ ADJUST

アメリカ野球への適応

アメリカの硬いマウンドに適応するためにいろいろと試した

CHAPTER 7 | ADJUST

高さと硬さのある マウンドへの適応

「手投げ」に見える投球フォームの謎

日本で投げていた時と比べて、「軽く」投げているように見えると言われる。それはやはりマウンドが硬いからだと思う。マウンドが硬い分、投げ方が手投げのように見える。やはり日本のマウンドの方が若干、沈み込んで投げるようになる。マウンドが軟らかい分、下半身をしっかり使わないとパワーが伝わらない。映像や写真で見ると、ちょっと高い位置で投げるようになっているかもしれない。あとはボールもあると思う。メジャーリーグのボールを日本で投げていたように、沈み込んで前で離そうとすればボールが浮いてしまう。だから高いところで投げた方がしっかりコントロールできる。

日本の柔らかいマウンドの時ほどは、現在は感覚的に沈み込んで投げていない

そういった部分で軽く投げているように見えるのかもしれない。

高い場所でリリースして傾斜を利用する

また、アメリカのマウンドの方が高さもあるからマウンドの傾斜もきつい。だから高い位置で離すと傾斜がある分、低く行くというイメージを持っている。この辺は投げて行く中で感覚として覚えて来た。だから映像や写真で見ると立ち投げ、手投げっぽく見える。だけど実際は全身をしっかり使って、下半身もうまく使えて投げている。今の投げ方はアメリカのマウンドに適した投げ方と言えるかもしれない。

高い位置でリリースすればマウンドの傾斜があるのでボールも低く行く

アメリカのマウンドへのアジャスト

メジャーリーグに来て1年目のシーズン、最初の頃はマウンドにアジャストするのが難しかったかもしれない。自分のイメージするボールが投げられるまで、時間がかかったと思う。またそういうボールが投げられても、なかなか続かなかった。それがシーズンがだんだん過ぎて行くうちに、ちょっとずつだけど投げられる数が多くなって来た。ブルペンとかで投げて行くうちに、だんだんリリースポイントが合うようになって来た。マウンドの硬さや傾斜に身体を合わせられるようになって来た。それが1年目の中盤以降ぐらい。そこからは意識しなくてもできるようになった。2年目はもう大丈夫だった。

マウンドは変えることができない。その場所の環境に自分が適応するしかない

3

4

7

8

1
2
5
6

11

12

15

16

9
akuten
21

10
Rakuten
21
Edy

13

14

短時間でしっかり調整して自分のパフォーマンスを出すことに集中する

CHAPTER 7 | ADJUST

短時間で効率的な調整方法

遠投や長めの距離のキャッチボールを効果的に活用する

キャンプインで投げられる状態

アメリカでプレーして日本との違いはかなりたくさん感じた。まずスプリングトレーニング。日本はまるまる1ヶ月間やる。最近は自主トレでしっかり身体を作り、キャンプ初日に紅白戦というところもある…。でもトレーニングも含めて鍛えるという意識が強い。だから語弊があるかもしれないけど、開幕に合わせてゆっくり準備ができた。でもメジャーリーグの場合はそうはいかない。キャンプインの時点である程度、試合で投げられる状態まで作っておかないといけない。自主トレでそれをやらなければいけない感覚っていうのは、すごく難しかった。また、ブルペンは何回入っても、だいたい10分間ぐらい。すごく短く感じるし、時間と戦っている感じ。だからブルペンでは自分のフォームの確認とか全然できなかった。日本にいた時は、フォームの確認や固めたい時などは、自分の意志でたくさんの「投げ込み」もできた。

遠投でしっかりと肩を作り上げる

メジャー流の調整について多少は聞いていた。でも1年目に渡米する前はそこまで情報を持っていなかった。そういう調整方法なども

1年経ってやっと分かった。身体も早く作れるようにしようと思ってやった。日本でやっている時は、自主トレで遠投とかあまりしなかった。キャンプ中に遠投をしっかりやって、肩を作ってブルペンで100球とか投げる。それで身体全体のバランスを作って行くというようにやっていた。でもそういうやり方はできない。遅くなってしまってキャンプインに間に合わない。だから遠投をたくさんやって肩を作って行くようにした。投げ込みはしないので、代わりに遠投で肩を作って行くやり方だ。

ブルペンでの調整方法を工夫

やっぱり一番、違うなと思ったのはブルペン。1人約10分と決まっていてそれ以上は絶対に投げられない。だから1回のブルペンで投げられるのは、40球くらいだと思う。だから10分まるまるは投げなかった。9分くらいで、「これでもう良い、OK」と。

逆に言うと10分間で考えないようにした。試合前に投げるブルペンの感覚で、すべてのボールを投げてみる。ストレートを2球くらい投げて、納得できたらすぐに次の球種。すべてのボールが納得できたらそれで良い。アメリカでは、キャンプの初日のブルペンからそうやっている。そのくらいじゃないと逆にメジャーではやって行けないというか…。あまりこだわり過ぎてゆっくりやってもダメということだ。

早めの調整でオープン戦を迎える

キャンプでは、投手陣はグループ

ブルペンで投げられるのは1人10分と決められている

分けされる。ブルペンには、1日おきくらいで3回入る。そこから計画が出て来るので、キャンプに入って2～3日くらいするとオープン戦の1回目の登板が分かる。そうするとそこから、だいたい中4日で計算して行けば、公式戦の登板スケジュールもだいたい分かる。

オープン戦は、だいたい5試合ぐらいの登板。最初は2回、そこから3回、4回、5回、もしくは球数100球と実戦に合わせて行く。僕の場合は3試合目ぐらいでコンディションはほぼ実戦に入れるような状態。メンタルもそう。だから、オープン戦3試合目くらいで、「もうオープン戦投げなくて良いや」、と言うくらい。「もうシーズンに入りたい」、くらいだった。まぁ、それも1年やって、やり方もしっかり分かってキャンプに挑めたからだと思う。

すべてのボールを投げてみて、それぞれに納得することが大事

日米の考え方の違い

固定観念を捨て、アメリカで求められることをしっかり受け入れた

「球数」に対する考え方は日米で大きく異なる。

日本の場合は、子供の頃から「完投」が要求される。近年は何枚かの投手を揃えるチームも増えて来たが、基本的には「投手は最後まで投げる」ことが役割とされて来た。結果、1発勝負のトーナメントで連戦があっても1試合150球を超える投球をすることも決して珍しいことではない。

アメリカには「完投すべき」という考えはほとんどない。もちろん球数がそこまで行ってなく、重要なゲームならば完投させることもある。（例えば、ノーヒッターがかかった試合など）　だが基本的に「肩は消耗品」という考えがある。ダルビッシュ有（レンジャーズ）や、田中将大（ヤンキース）に対する議論などはまさにそうである。

だがNPBとMLBを同列に並べる訳にはいかない。なぜなら投手に求められることや、調整方法がまったく異なるからだ。NPBでは、先発投手は基本、中六日で投げる。登板と登板の間では「上がり」と呼ばれる完全休養日が存在する。週1日の登板ならば、100球を多少超えようとも、「長いイニングを投げて欲しい」と思うのも分かる。逆にMLBでは中四日での登板が基本。次回の登板がすぐにやって来るため、登板間の調整も非常に軽いものである。その代わり、年間を通じて投げ続けることで、中四日に耐えられる体力がついて行くという。

メジャーリーグ挑戦をした当初、岩隈はその辺の調整に悩んだという。だが周囲を観察し、柔軟に対応することで、今やマリナーズに欠かせない投手となった。固定観念は捨てて、今いる場所に合ったやり方を見つけることが重要なのだ。

第八章

CHAPTER 8 〉 INTERVIEW

インタビュー

平常心を保ち、常に冷静でいること。

マウンド上では感情を出さずに
冷静でいることが重要になる

CHAPTER 8 | INTERVIEW

環境に適応し 常に冷静でいることの重要性

冷静でいるからこそ様々なことをしっかり観察して対応できる

「サイ・ヤング賞」候補にまで名前が挙がるほど、安定した投球は誰もが高く評価している。岩隈の強さは環境への適応力。そして常に表情を変えない冷静沈着さにある。

　投手として「考え方」、「メンタル」の部分で大事にしていることとは。

「適応力」が付き結果につながった

　メジャーリーグに来て1年目と2年目の大きな違いは「適応力」。メジャーリーグに慣れて来たということもある。僕自身の投球に関することは、日本もアメリカもそんなに違わない。日本でやって来たことを、そのままアメリカへ持って来てやっている。基本的には変えてない。その中で若干マウンドが硬かったり、ボールの違いはあった。その中で自分が良いボールを投げられる方法を捜してできたのが今の形。とにかく環境が違ってもその中でやって行かなくてはならない。それに適応してしっかりとパフォーマンスを発揮できるようにすることだけを考えた。

「これでアメリカでもやって行ける…」という、何となくの自信が出て来たのは、1年目の後半くらい。1年目の最初は「ロングマン(＊)」と呼ばれる中継ぎでスタートした。最初はブルペンでの調整方法も分からなかった。でもいろいろな投手の調整方法などを見てだいぶ分かって来た。そこから先発になっていろいろなことに慣れて来て8勝できた。試合に向けての調整方法や勝ち方が分かって来たような感じがした。いろいろなことに適応できるようになった頃から自信のようなものも出て来た。

　具体的には、フォアボールをなくして球数を少なくすることを考えた。また、アメリカのバッターは早打ちなので、そこをうまく利用することも考えた。「メドとなる100球までにアウトの数をどうやって稼いでいこうかな？」、と考えた。それで何となく感覚的に、「あーこうすれば抑えられるかな」というのが分かって来た。それからは長いイニングを投げられるようにもなった。

　アメリカの選手の対応力は日本よりスゴいと感じる。だから常に自分の中でいろいろなことを考えながら投げている。言葉は悪いが、どこかでビビりながら投げているかもしれない。

　そして2年目を迎えるにあたってシーズンオフからキャンプ、オープン戦と調整方法を変えた。とにかく仕上がりを早くした。1年目はどこか、日本時代のように「開幕までに合わせれば…」というところがあった。だからシーズン開幕当初はローテーションでなく「ロングマン」になった。まずはキャンプ、オープン戦でしっかり結果を残すためにも調整方法を早くした。その中でシーズンを通じて数字を残せたので、スゴく自信になった、充実した1年。「こういう調整方法でやれば良いんだ」というのがつかめた。

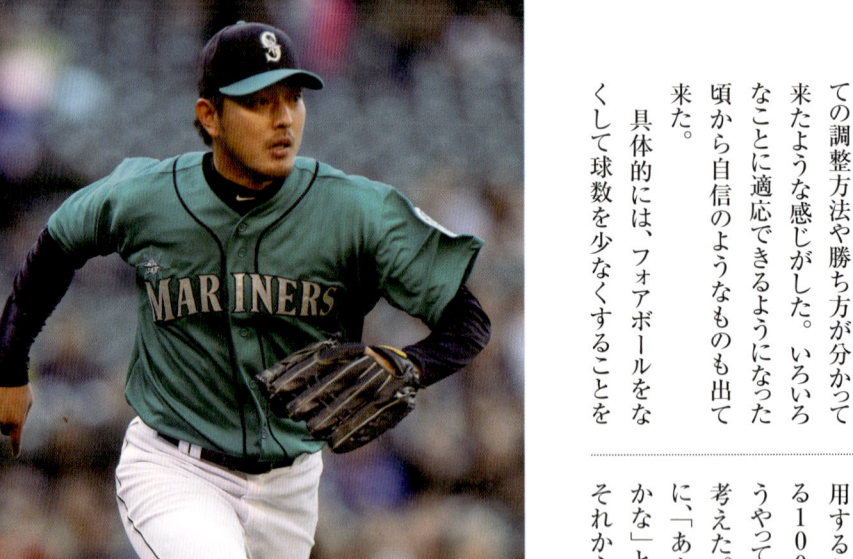

少ない球数で投げるために打たせて取ることを考える

ダグアウトでも常に観察やシュミレーションを重ねる

自分のイメージ通りに打ち取ることの「快感」

今では、ある程度、「野手がここで守ってくれている」ということが頭に入っている。だから「こういう風に打たせれば打ち取れるな」と頭でイメージできる。「ここへいけばゲッツー取れるな」、とかイメージしながら投げている。イメージをしっかり持つことができるので、ピンチの状況でも常に冷静にいることができる。

例えば、「スプリットで引っ掛けさせてゲッツー取りたいな」という時には、そのためにしっかり伏線を張る。1球目からスプリットを投げる必要はない。もちろん1球目から投げて打ち取れることもある。でもそれよりも、「何球目かにスプリットで打ち取れるぞ」、という考え方で伏線を張る。いかにして自分の求めている1球で打ち取るか。それが投げていて楽しいというか…。まぁカウントによって異なった展開もあると思う。でも「このボールで打ち取りたいな」という時に、その通りになると最高の気持ちになったりする。それを常に考えて投げている。それが投手の「快感」な瞬間かもしれない。

テンポ良く投げて自分のペースを作り上げる

自分のイメージに沿った形で相手打者を打ち取る。そういうことができていると、イニングを重ねるごとに、自分のリズムができて来る。自分のリズムで投げることができると、当然、チーム全体にもそのリズムが波及して行く。「勝てる」投手というのは自分のリズムを作るのがうまいと思う。

また、味方が点を取ってくれると、その後の投げ方もだんだんテンポを早くするようにしている。それでアウトが取れて行くと、ますます自分のペースになって来る。相手打者もそういうのは感じる。「もう打てないよ」、という雰囲気になったりする。そうすると言葉は悪いけど、自分のやりたい放題になる。だから早くその展開に持って行けるようにしたい。だ

自分のメンタルをコントロールすることで長いイニングを投げられる

から、ボールをコントロールするのももちろんだが、自分のメンタルをうまくコントロールして行くこと。そうすれば長いイニングを投げることも計算できる。

マウンド上では極力、一喜一憂しないようにしている。でも気合いを入れるというか、ギアを入れる瞬間もある。例えば、ランナーを三塁とか二塁において、「ここは点をやりたくないな…」という時は、ガーっと行く。マークン（田中将大（＊））みたいに、吠えたりはしないけど、気持ち的にはそのくらいの感覚で行く。他にも、試合終盤で、「ここを抑えれば勝ちが付いて来るだろう」、「ここを抑えれば逆転してくれるんじゃないか…」という場面では力を入れる。気持ち的にもね。そういうメリハリができれば長いイニングを投げることもできる。そのためにも極力、マウンド上では冷静になっていなくてはならない。

気持ちの切り替えと平常心の維持

メジャーリーグでは、投手交代の時は監督にボールを渡してマウンドを降りる。抑えている試合では当然、満足してマウンドを降りる。でも打たれて交代する時も、基本的には自分の仕事が終わったらそこで、「今日も終わった…」という感じ。それでダグアウトに戻ったら少し振り返ってみて、もう次の試合に向けて、という感じ。だから打たれたことを後悔したり、引きずることはない。

打たれて交代の時は、ダグアウトでそのイニングを見てからクラブハウスに戻ることもある。その時は次の回を見て、「何番から始まる。前にこれで打ち取ったから、次はこれで行こうかな…」と次の対戦に向けてのシミュレーションをするぐらい。だから打たれた後も、「あのボールちょっと甘かったな。逆にこのボールに変えておけば良かったな…」とか後悔するような感じはない。

打たれたことを引きずらず、次の登板に備えることが大事

Hisashi Iwakuma

メカニックや球種など、自分の
投球すべてをしっかり理解する

「勝ちたい」、と力んだりせず、常に自分の投球をすることを心掛ける

試合中に点を取られてダグアウトに戻った時も同じ。「次はどうやって抑えて行こうかな…」とかを考える。序盤に点を取られても、5回までは何とか粘り強く投げる。5回まで投げたら、次は球数も考えながら7回までを考えて行く。そういう風に考えると、平常心になれて抑える確率も高くなる。僕は熱くなると、どんどん悪循環になるタイプ。それは経験して来て分かっている。だからいかにして早く切り替えること、そして平常心でマウンドに上がるかを大事にする。

常に自分のピッチングをすること

なかなか勝ち星が付かない時もある。その時に考えることは、いかに自分に与えられたことをしっかりやるか。相手に合わせるというより、自分のスタイルで自分のピッチングをすることを考える。勝ちが欲しいからといって逆に力まない。そこで力んだり、焦ったりすると逆に悪循環に陥ってしまう。

そういうのができるようになったのも、いろいろと経験を重ねたから。若い時は結果を求めて、数字を考えることがやはり多かった。簡単に言えば、「自分の成績が良ければ良い」、となりやすかった。例えば、「20勝したい」とか。でも

自分の「数字」にこだわるのではなく、チームが勝つことが重要

今はあまり数字にはこだわっていない。やはりチームが勝つことが一番大事。だから僕はチームに貢献できるように自分の仕事を果たす。自分の役目を果たすことが一番と考える。勝つための使命感というか…。チームメートを見ても、「一緒に戦っている」と強く感じる。日本の場合と違って先発投手に「上がり（＊）」というのもない。全試合、ベンチにも入っている。そういう部分でも、「ともかく自分に与えられた役割をしっかりこなす。それがチームの勝利にもつながる」と考えるようになった。

「経験」は活かすことができる財産

日々、いろいろなことを吸収して戦っている。そして戦わせてもらっている。メジャーリーグは僕じゃなくても代わりの選手がたくさんいる。マイナーリーグには何十人とポテンシャルの高い選手がいる。だから常に危機感もあるし、そういったものがあるからこそ、高い意識を持って成長を目指すことができる。現状には満足してはいない。去年の数字の何か1つでも超えていけるように努力して行きたい。球種などもそうで、もしかするとナックルボール（＊）とかを覚える時が来るかもしれない。それでより「勝てる」投手になるかもしれないし選手寿命が延びるかもしれない。とにかく常に向上心を持って成長したい。

もちろん不安もどこかにある。「年齢的にこれからどうなって行くのか…」、とか。でもそこまで深くは考えないようにしている。今求めているものをどんどん吸収して行くことだけを考える。

スポーツでは100％成功するなんてことはない。ただでさえ野球というスポーツは失敗が多い。だから勝敗や数字ばかりを求めてもしょうがない。ゲームの中で得られるものは「経験」しかない。また毎年いろいろな「経験」をしても、同じ「経験」は二度とない。いろいろな「経験」を重ねて行ってそれをしっかり吸収する。それが成功するというか、結果を残すことにもつながって行く。

能力を高めていく為にも、成長するためにも「経験」が必要になる。だからこそ「経験」して来ているというのは、スゴく大事。なぜなら「経験」は活かすことができるから。いろいろなことに不安を感じることなく、自分の求めているものをどんどん追求する。それが「経験」になる。辛いこと、キツいこと、そういったことに対して戦って向き合って行くことが大事。

成長するためにも、常に目標を持って、それに向けて自分がどうやって行けるかを考える。そしてプランを立てることが大事。目標に向けて1つ1つこなしていくことによって結果も出る。そしてその結果が自分の「経験」にもなる。特に若いうちは失敗などいくらでもして良い。失敗も自分の財産になるし、それで成長して行ける。いろいろなことに挑戦していくことが大事だと思う。

「経験」を重ねることで能力も高めることができ、結果も残せる

2011年モデルと比べると、ポケットや捕球面が広く作られているのが分かる

2011年モデル

イーグルス時代は東北の方々と共闘する気持ちを持ち「絆」と刺繍を入れていた。渡米後はアメリカでプレーする姿を見て少しでも希望を感じて欲しいという気持ちを込めて「希望」と刺繍を入れる

内野手に近いタイプのグローブ
ナイキ社製

2011年モデル

オーソドックスな投手タイプのグローブとは異なり、内野手に近くポケットや捕球面が広めなモデル。またポケットがしっかりできていることを重要視している。親指部分の「MUTR」は奥様、長女、長男、次女の名前のアルファベット

ベースが濃紺に刺繍の糸は
エメラルドグリーンのマリナーズカラー

毎年、変更されるオリジナルウェブも特徴的。2014年バージョンのコンセプトは「ツバメ返し」。岩隈の投球スタイルが侍の刀使いをイメージさせるためだ

イーグルス時代、渡米直後に使用したスパイク・シューズには「エア」は搭載されていない

従来のものは歯の本数が多く、歯の長さも長めのもの

メジャーリーグのマウンドに合わせたスパイク・シューズ。

ナイキ社製

カカト部分には「Hisashi18」の刺繍入り

硬くて粘土質のマウンドは踏み出した左足の歯が地面に刺さると、抜けなくなるほど。左足の柔軟性が損なわれ、下手をすると故障の危険性もある。よって渡米後にスパイク・シューズの仕様を変更した

左：ソール部分に「エア」が入った厚くて柔らかい材質のものを採用
右：スパイク・シューズの歯の本数を少なくし、歯の長さも短くした

ナイキジャパン担当者に伝えた。それまで使用していたものはオーソドックスな投手タイプのものでポケットが多少狭めのものであった。松坂大輔の使用していたグラブはどちらかといえば内野手に近くポケットや捕球面が広めになっていた。この形状が岩隈の感覚にジャストフィットした。

またしっかりとポケットができていることも大事にしている。見ていると分かるが、岩隈はクセのように右手の拳でグラブのポケットをたたく。この時に「しっかりとポケットに拳がはまる感覚」、を求めている。

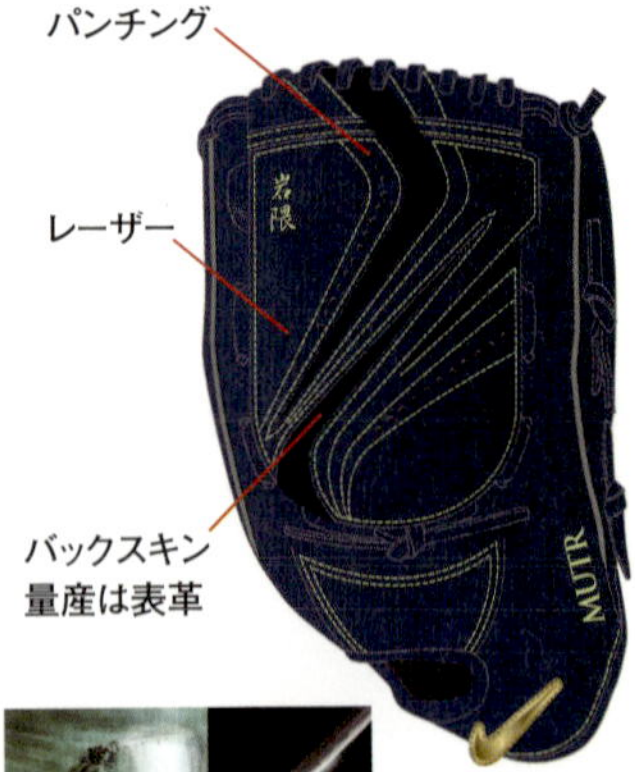

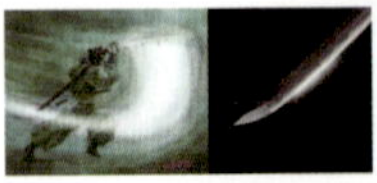

静から一気に動へと炸裂するツバメ返しをデザイン。投手の技術の高さを意味する。

毎年変わる ウエブへのこだわり

毎年変更するウエブもこだわりを持って作り上げる。

岩隈のプレーススタイルからイメージしたウエブデザインを何パターンかデザイナーが作り上げる。それらをナイキジャパン社内で4～5パターンまで絞り込む。それらを毎年、9月頃に岩隈本人に確認してもらい、そこから2パターン選択してもらう。それらを岩隈の帰国までに実際にグラブに作り上げ、本人に選んでもらうという行程だ。

新しいウエブを作り上げる際に難しいのは、デザイン重視だけではダメということ。岩隈はグラブの形状を重視している。ウエブのデザインが良いからといっても形状が変わったり、ポケットを邪魔するようでは意味がない。デザインと機能性の両立もナイキジャパンの高い技術力があるからこそ可能になるのだ。

こうやって共同作業で作り上げたグラブを岩隈はとても大事に扱う。実際、シアトルの自宅にも毎年のグラブが飾られている。「サイ・ヤング賞」を獲得した時のグラブがそこに並ぶのも、遠くないはずだ。

グラブにこめられたエースのこだわり

岩隈久志はギアに徹底的なこだわりを持つ。

そのため形状やデザインなど、自らの感覚を大切にする。

その感覚を正確に吸い上げ、それを形として行くナイキジャパンとのまさに「二人三脚」で作り上げられるグラブの秘密に迫った。

捕球面とポケットの広さを重視

岩隈はプロ入り以来、メジャーリーグ挑戦まで同じ形状のグラブを使用していた。そのターニングポイントは

メジャー１年目の春先のことだった。当時使用していたグラブはどことなく自らの感覚にフィットしていなかった。そんな時に対戦した松坂大輔（当時レッドソックス）のグラブを着用してみたところピンと来た。「このグラブと同じ形状でお願いします」。すぐに

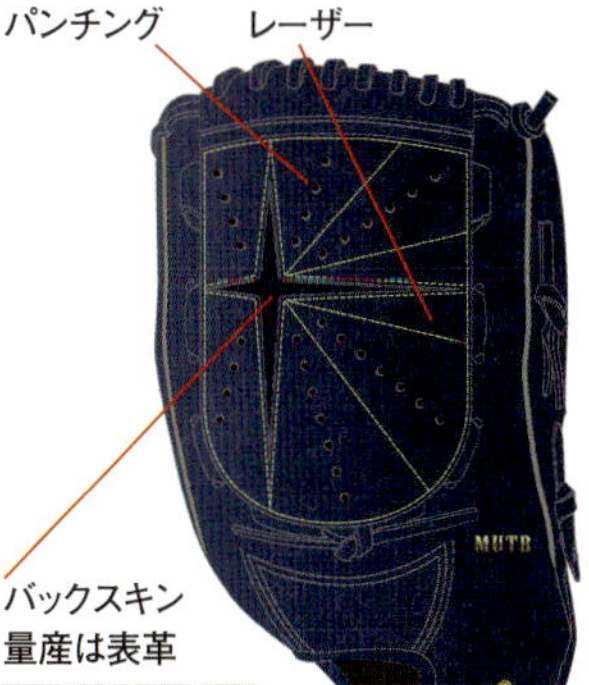

マリナーズのマークをモチーフにデザイン。シンプルな構成で岩隈投手のスマートなイメージを表現した

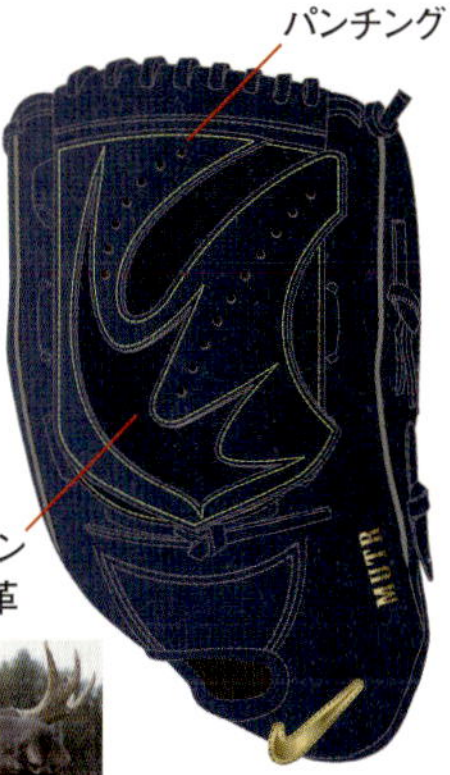

バックスキン
量産は表革

マリナーズのマスコットのヘラジカの角をモチーフにデザイン。穏やかで冷静に見えるが、バッターに向かう闘争心の持ち主であることを表現した

軸足に重心を乗せきるために、1度足を上げた後に、もう1度反動を付けるようにする動き。現在は「イリーガルピッチ＝違反投球」とされている。

股関節

(43ページ～投球フォーム／重心移動)

上半身と下半身の継ぎ目であり、上と下の動きを連動させるのに大切な部分。上半身の重さを支えるため、負担が大きく傷みやすい関節でもある。

カベ

(43ページ～投球フォーム／重心移動)

理想は前足の着地と同時に鋭く身体を回転させること。重心が捕手方向へ突っ込み過ぎないように、グラブの手を使い重心を後ろに残すようにすること。

体幹部分

(44ページ～投球フォーム／重心移動)

体幹とは一般的には、手足と頭を除いた胴体部分のことを言う。投球に関するすべての動きに関わっている重要な場所。

インステップ

(47ページ～投球フォーム／重心移動)

前足のステップが右投手なら投手から見て右寄り、左投手なら左寄りに入ること。身体をより鋭く回転させなくてはいけないので、負担がかかる。

アウトステップ

(47ページ～投球フォーム／重心移動)

前足のステップが右投手なら投手から見て左寄り、左投手なら右寄りに入ること。身体の開きが早くなることで、打者から軌道が見やすくなる。

トップ

(49ページ～投球フォーム／トップ)

投球時にリリースに向けて、腕を振り始めるためのスタート地点と考えられる。トップを早く作り出すことで、より鋭く腕を振ることができる。

テイクバック

(49ページ～投球フォーム／トップ)

足を上げて軸足に重心を乗せた後、利き腕を回転させながらトップを作り出すまでの動き。できるだけ最短距離でトップを作り出すことが望ましい。

キャッチャー投げ

(51ページ～投球フォーム／トップ)

テイクバックをできるだけ小さくして、利き腕をトップまで真っ直ぐ持って行くようにして投げる方法。捕手は送球を早くおこなうためにこうしている。

フォロースルー

(57ページ～投球フォーム／腕の振り、リリース)

リリース後、腕を最後まで振り切るための動き。背中を叩くぐらいまで振り切る投手も多い。またフォロースルーが安定すると守備にスムーズに移れる。

用語説明

[実技(投球フォームなど)]

メカニック

(4ページ～プロローグ)

投球開始からフォロースルーまでの一連の投球フォームのこと。身体に負担をかけることなく、パワーをロスなくボールに伝えることが求められる。

リリースポイント

(20ページ～キャッチボール)

投球をおこなう際に、実際に捕手に向かってボールが指先から離れる場所のこと。できるだけ打者に近い方が、より威力も増して有利とされる。

重心移動

(23ページ～キャッチボール)

足を上げて軸足に乗せた重心を、徐々に前足へ移動して行くこと。捕手方向へ突っ込み過ぎても、残り過ぎても効率的に重心を使うことができない。

軸足

(23ページ～キャッチボール)

右投手の右足、左投手の左足のことを軸足という。足を上げた時に重心のすべてを軸足に乗せきることが理想とされている。

二段モーション

(41ページ～投球フォーム/足を上げる)

フォームに対して、打者の反応を確認できるのでブルペンより実戦に近い。

走り込み

(98ページ～コンディショニング／登板間の調整方法)

身体のキレを出したり、スタミナ面強化のためにおこなわれる練習方法。日本ではシーズン中でも一般的だが、メジャーリーグではほとんどおこなわない。

PNFトレーニング

(101ページ～コンディショニング／登板間の調整方法)

理学療法の1つとして研究されていた神経筋固有受容器促通手技法を用いたトレーニング。筋力の補強と神経の発散に大きな効果がある。

[コンディショニング関連]

アイシング

(101ページ～コンディショニング／登板間の調整方法)

氷や水などを使って、身体を局所的に冷やすこと。運動後の負傷の防止や筋肉痛、疲労蓄積の軽減などができる。

[球界関連(人物、チーム、施設、その他)]

サイ・ヤング賞

(4ページ～プロローグ)

数々のメジャー記録を保持するサイ・ヤングを讃え、1956年に制定された。ア・リーグ、ナ・リーグそれぞれから、最も活躍した投手1人が選出される。

大阪近鉄バファローズ

(4ページ～プロローグ)

「いてまえ打線」を擁して、攻撃的野球で人気を得たパ・リーグのチーム。2004年の球界再編でオリックスブルーウェーブに吸収合併された。

ポスティング・システム

(4ページ～プロローグ)

FAでない選手が、メジャーリーグへの移籍を希望した時に行使される。譲渡金を設定し、上限に達した球団すべてとの交渉が可能。

ブルペン

(21ページ～キャッチボール)

投手が登板前に投球練習をおこなう場所。またブルペンで待機するリリーフ投手陣のことを総称してブルペンとも呼ぶ。

アメリカのボール

(55ページ～投球フォーム／腕の振り、リリース)

NPBの公式球より滑りやすく、縫い目が高めだと言われている。そのため空気抵抗を受けやすく、変化球の曲がりは大きい。

ピッチャー返し

(57ページ～投球フォーム／フォロースルー)

打者が投手に向かって真っ直ぐ打ち返すこと。打撃の基本と言われている。

クイック
（71ページ～クイックモーション）
走者に盗塁をさせないために、ムダな動きを省いてできるだけ早く投球する方法。クイックをした時にボールの威力が落ちないようにすることが大事。

牽制
（81ページ～牽制）
走者のリードを少なくさせるための方法。盗塁を考えていれば、牽制で刺す可能性も出て来る。また牽制球を投げることで相手の出方を探ることもできる。

［球種］

スラーブ
（118ページ～球種／スライダー 2）
スライダーとカーブの中間のような変化をするボールの俗称。通常のスライダーより球速が多少落ち、変化は逆に大きくなる。

チェンジアップ
（127ページ～球種／スプリットについての考え方）
ストレートと同じ軌道で来て、打者の手元で沈むボール。握りを変えてストレートと同じように投げるため、打者は見間違えてしまい打ち損じる。

カットボール
（128ページ～球種／新しい球種について）
基本的にはストレートの一種。握りを多少ズラして同じように腕を振って投げるため、同じような軌道で来て打者の手元で鋭くズレる。

ナックルボール
（159ページ～インタビュー）
ボールに回転をかけないことで空気抵抗を受けて変化させるボール。揺れるように打者の手元へ来て、変化が読めないため、捕手も捕球が難しい。

［練習方法など］

立ち投げ
（89ページ～コンディショニング／シーズンオフ）
ブルペンなどで捕手を座らせるのではなく、立ったままの状態でおこなう投球練習。マウンドの傾斜の影響が少なくなるので、投げ始めには最適。

遠投
（89ページ～コンディショニング／シーズンオフ）
長めの距離でおこなうキャッチボール。全身を大きく使って投げなければならないので、投球フォームやボールの軌道の確認には最適な練習方法。

バッティングピッチャー
（91ページ～コンディショニング／シーズンオフ）
打撃練習で実際の打者に向かって投げる練習方法。すべての球種や投球

田中将大

(152ページ～インタビュー)

ポスティングによる大型契約でヤンキースに加入。すべてのボールの精度が高く、NPB時代は24連勝を記録した「勝てる」投手。

[その他]

スマッシュ

(53ページ～投球フォーム/腕の振り、リリース)

テニス、バドミントン、卓球における強打のこと。多くの場合、ボールやシャトルが高く浮いたところを上から叩くようにして打ち返す。

アタック

(53ページ～投球フォーム/腕の振り、リリース)

バレーボールにおいて、セッターが上げたトスを相手コートに向かって叩き付ける攻撃。ヒジから先を柔軟に使って打たなければボールが浮いてしまう。

フィジカル

(87ページ～コンディショニング/シーズンオフ)

肉体的なこと。

その打球が投手を直撃することも多く、守備での反応も求められる。

二遊間

（83ページ～牽制）

「二」はセカンド、「遊」はショート。よってセカンドとショートの間のこと。内野の守備間では最も広く抜きやすいので、センター返しが基本とも言われる。

プレーオフ

（87ページ～コンディショニング／シーズンオフ）

レギュラーシーズンを戦い、成績の良い上位チームによって争われる。ここからは5試合や7試合の短期決戦となる。

ウインターリーグ

（87ページ～コンディショニング／シーズンオフ）

若手やベテランの調整のために、レギュラーシーズン終了後におこなわれる。中南米などの温かい場所でおこなわれ、近年ではNPBの選手も参加している。

ダグアウト

（95ページ～コンディショニング／登板日の調整方法）

野球場の一塁、三塁側に設けられたプレイヤーズベンチ。グラウンドよりも低い位置にあるのを「ダグアウト」、同じ高さにあるのを「ベンチ」と呼ぶ。

クラブハウス

（95ページ～コンディショニング／登板日の調整方法）

選手が着替えなどをおこなう場所。通常、ダグアウトの裏にあり、選手は試合前練習までリラックスしたり治療などをおこなったりしている。

ビジター

（97ページ～コンディショニング／登板日の調整方法）

本拠地ではなくロードゲームとして訪れた場所、球場。ホームチームよりもクラブハウスなどが狭かったりする場合も多い。

ロングマン

（149ページ～インタビュー）

「中継ぎ投手」の中でも、先発投手が早い回で交代しても対応できる、長い回を任せられる投手。ローテーションから漏れた投手が務めることが多い。

上がり

（158ページインタビュー）

NPBのように中六日でローテーションを回している場合、週に1日、練習をすべて免除される日がある。「上がり」と呼び、ベンチに入る必要もない。

［人物］

黒田博樹

（115ページ～球種／ツーシーム・ファストボール）

安定した投球内容で長い回を投げることができ、ヤンキースのローテーションを守り抜いている。動くボールをうまく使い少ない投球数で打ち取れる投手。

I PLAY
FOR THE AMERICAN
TO

EPILOGUE

「自信」を得ることで
パフォーマンスを上げる。

最高峰の舞台メジャーリーグで結果を残す選手には、共通項もあれば、人それぞれ異なったストロングポイントが存在することもある。まず共通なのは高い技術を持つこと。技術がなければいくらメンタルが強くても結果を残すことができない。そしてスペシャルな武器を持つこと。投手ならば絶対的な球種を持つ。打者ならばどんな投球もミートできるバットコントロールの巧みさなどである。

岩隈久志がメジャーリーグで結果を残せるのには理由がある。すべての球種を正確に操れる投球メカニック。「落とす場所」などを自由自在に操ることができるスプリットという球種がある。しかし、それ以上に岩隈を支える最大の武器は、何事があってもブレない「メンタル」ではないだろうか。

岩隈が大事にしているのは、何があっても心を安定させて動じないということ。良い結果を残すためにはメンタルの浮き沈み、感情の起伏をできるだけ少なくすることを重要視している。そのために勝っても負けても必要以上に一喜一憂しないことを心掛けている。そうすることで目の前で起こった成功や失敗から、今後の成長の糧になりそうなことを見つけ出すことができる。

これまでの日本野球からメジャーリーグに挑戦した1年目。環境や状況の変化に戸惑ったという。その時に思ったことは、自分でコントロールできないことを深く考えてもしょうがないということ。それからはその場の環境や状況を受け入れ、自分のプラスになるものを取り入れるようにした。そうすることでメジャーリーグに順応することができ、今や「リーグを代表する投手」と評価されている。

また環境や状況に順応することで、「自信」を得ることができ、それがパフォーマンスにも大きな影響を及ぼした。「自分の実力をしっかり出せば結果はついて来る」と思えるようになった。すると大舞台で緊張することなく、自分の実力を発揮できるようになった。

誰だって「変化」に順応するのは難しい。しかしそれを受け入れることでさらなる「進化」にもつながる。今、技術的な部分で悩んでいたとしても、その原因をひもといて行けば、「メンタル」が原因ということも多い。カベにぶつかった時こそ、岩隈のそういった姿勢をぜひ見習って欲しい。

本書では投球技術、コンディショニング、球種、メンタル部分など、岩隈久志が自分のすべてを語ってくれた。だが、一番、伝えたかったのは、「メンタル」がすべての「技術」の土台となるということ。「技術」だけではなく、「メンタル」を含めて岩隈のような好投手を目指してもらいたい。

月、2004年5月、2008年6月、2011年4月）
●JA全農Go・Go賞（最多奪三振賞）：1回（2004年5月）
●ゴールデンスピリット賞：1回（2008年）
報知プロスポーツ大賞（野球部門パ・リーグ）：1回（2008年）
●第2回WBCベストナイン

［投手記録］
初記録（NPB）
●初登板・初勝利：2001年5月29日、対日本ハムファイターズ10回戦（東京ドーム）、8回裏1死に8番手として救援登板・完了、1回2/3を1失点
●初奪三振：同上、8回裏2死に野口寿浩から
●初先発：2001年6月10日、対日本ハムファイターズ13回戦（大阪ドーム）、3回5失点で敗戦投手
●初先発勝利：2001年8月19日、対福岡ダイエーホークス24回戦（福岡ドーム）、6回1失点
●初完投勝利・初完封勝利：2001年9月18日、対西武ライオンズ26回戦（大阪ドーム）
初安打：2005年6月4日、対東京ヤクルトスワローズ5回戦（明治神宮野球場）、5回表に石川雅規から右前安打

初記録（MLB）
●初セーブ：2012年5月31日、対テキサス・レンジャーズ戦（レンジャーズ・ボールパーク・イン・アーリントン）、7回から2番手として登板し3回3失点

打者	投球回	被安打	被本塁打	与四球	敬遠	与死球	奪三振	失点	自責点	防御率
192	43.2	46	3	13	0	3	25	28	22	4.53
594	141.1	132	10	42	2	8	131	62	58	3.69
809	195.2	201	19	48	2	3	149	85	75	3.45
647	158.2	149	13	30	2	8	123	57	53	3.01
796	182.1	218	19	40	3	6	124	113	101	4.99
169	38.2	43	4	12	0	1	16	18	16	3.72
388	90.0	95	6	23	0	2	84	47	34	3.40
787	201.2	161	3	36	1	4	159	48	42	1.87
710	169.0	179	15	43	1	6	121	62	61	3.25
821	201.0	184	11	36	1	12	153	68	63	2.82
471	119.0	106	6	19	0	5	90	34	32	2.42
519	125.1	117	17	43	3	3	101	49	44	3.16
866	219.2	179	25	42	4	2	185	69	65	2.66
384	1541.0	1514	109	342	12	58	1175	622	557	3.25
385	345.0	296	42	85	7	5	286	118	109	2.84

プロフィール

岩隈久志（いわくまひさし）
1981年4月12日　東京都東大和市出身
右投右打　191cm95kg
堀越高から99年ドラフト5位で大阪近鉄バファローズ入団。04年の球団合併で東北楽天ゴールデンイーグルスへ移籍。12年からシアトル・マリナーズでプレー。

[タイトル]
●最多勝：2回（2004年、2008年）
●最優秀防御率：1回（2008年）
●最高勝率：2回（2004年、2008年）
※最優秀投手として表彰

[表彰]
●沢村賞：1回（2008年）
●最優秀選手（MVP）：1回（2008年）
●最優秀投手：2回（2004年、2008年）
●ベストナイン：2回（2004年、2008年）
●最優秀バッテリー賞：1回（2008年、捕手：藤井彰人）
●セ・パ交流戦優秀選手賞（日本生命賞）：1回（2008年）
●月間MVP：5回（2003年4月、2004年4

年度	登板数	先発	完投	完封	無四球	勝利	敗戦	セーブ	ホールド	勝
2001	9	8	1	1	0	4	2	0	–	0.66
2002	23	23	2	0	1	8	7	0	–	0.53
2003	27	27	11	0	1	15	10	0	–	0.60
2004	21	21	7	1	2	15	2	0	–	0.88
2005	27	27	9	0	1	9	15	0	0	0.37
2006	6	6	2	0	0	1	2	0	0	0.33
2007	16	16	0	0	0	5	5	0	0	0.50
2008	28	28	5	2	3	21	4	0	0	0.84
2009	24	24	5	0	1	13	6	0	0	0.68
2010	28	28	4	1	2	10	9	0	0	0.52
2011	17	17	2	1	0	6	7	0	0	0.46
2012	30	16	0	0	0	9	5	2	0	0.64
2013	33	33	0	0	0	14	6	0	0	0.70
NPB（11年）	226	225	48	6	11	107	69	0	0	0.60
MLB（2年）	63	49	0	0	0	23	11	2	0	0.67

岩隈久志の
ピッチングバイブル

2014年7月7日第1版第1刷発行
［著者］岩隈久志
［発行者］大田川茂樹
［発行所］株式会社　舵社
〒105-0013　東京都港区浜松町
1-2-17ストークベル浜松町
電話：03-3434-5181（代表）03-3434-4531（販売）
［制作・構成］山岡則夫（Innings,Co. / Ballparktime.com）
［撮影］河野大輔
［イラスト］丸口洋平
［編集］大田川茂樹、出下久男
［デザイン］鈴木洋亮
［印刷］図書印刷株式会社
［協力］内田康貴（株式会社ビークリエイティブエージェンシー／ www.bca-inc.jp）
株式会社ナイキジャパン（www.nike.jp）
株式会社フラグサポート（www.flag-s.com）
ISBN978-4-8072-6555-8